簡単 原寸型紙つき！

立体切り紙12か月

大原まゆみ

ポップアップカードと
小物づくり

日貿出版社

はじめに

　本書は、1年間を通じて切り紙を楽しみ、季節を感じ、行事を彩る紙の作品集です。本書の切り紙は、単に切って開くだけでなく、立体的に組み立てて、用途や存在感を増した作品です。といっても作り方は簡単で、さらに型紙を利用すれば下書きさえ不要。気軽に紙工作を楽しんでいただけます。
　1年を12か月に分けて、その月のご挨拶として使えるカードと、季節やイベントに合わせた雑貨を紹介しています。ですから、ページの順序にこだわらず、あなたが本を手にした季節のページから始めてください。

　　　　　　　　　　　　　　　　　　　　　　　　　　大原 まゆみ

目　次

はじめに	2
切り紙の基本	8
型紙の使い方	10
ポップアップカードの基本	11
紙の寸法と折りたたみ方	12
1月	14
門松カード	14
松竹梅・鏡餅カード	14
ミニ切り紙・鯛＆扇	18
鶴の色紙飾り	18
封筒	19
2月	20
バレンタインカード	20
切り紙重ね皿・桃の花	22
切り紙重ね皿・葉っぱ	22
紙皿	22
1本ヅノのオニ箱	24
2本ヅノのオニ箱	25
3月	26
ちょうちょうカード	28
マイホームのレターヘッド	29
引越しカード	29
めびな	30
おびな	30
屏風	31
4月	32
桜カード	32
花束カード	32
ハートの飾り箱	36
花の飾り箱	37

暮らしを彩る切り紙小物1	
写真を切り紙で飾ろう！	38
フォトフレーム1・2	38
フォトスタンド・横型	40
フォトスタンド・縦型	41
5月	42
母の日カード	42
バースデイカード	42
飾り兜	46
鯉のぼり	47
6月	48
紫陽花カード	50
ウェディングカード	50
父の日カード	51
ピロー型ボックス1	52
ピロー型ボックス2	53
7月	54
金魚カード	56
スイカカード	57
モビール・貝	58
モビール・魚	58
モビール・カモメ	58
8月	60
花火カード	60
クワガタムシカード	60
カブトムシカード	64
トンボカード	65
暮らしを彩る切り紙小物2	
カレンダーを切り紙で作ろう！	66
1月 コマ・羽根	66
2月 手袋・雪	66
3月 チューリップ・ちょうちょう	68

4月 桜・ハート	68
5月 帽子・葉っぱ	68
6月 傘・長ぐつ	70
7月 朝顔・金魚	70
8月 ひまわり・カモメ	70
9月 トンボ・すすき	71
10月 もみじ・どんぐり	71
11月 カップ・本	71
12月 クリスマスツリー・星	71
9月	72
お月見カード	74
長寿亀カード	75
キャンドルカバー・くま	76
キャンドルカバー・ふくろう	76
10月	78
ハロウィンカード	78
魔女のボトルキャップ	82
モビール・カボチャ	83
モビール・コウモリ	83
11月	84
羽ばたく白鳥カード	86
ハートの白鳥カード	87
ペン立て・天使の羽	88
ペン立て・王冠	88
12月	90
クリスマスカード	90
クリスマスツリー	94
教会	94
ミニ切り紙・ベル	94
ミニ切り紙・サンタクロース	94
クリスマスリース	95
ミニ切り紙・トナカイ	96
ミニ切り紙・キャンドル	96

季節を感じながら、
作って、贈って

おしゃれで便利な
切り紙小物いろいろ

切り紙の基本

作品づくりの前に、道具の使い方、きれいに仕上げるコツを確認しましょう。

◆ ハサミの使い方

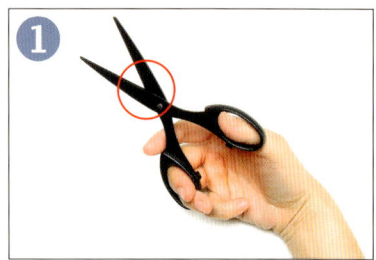
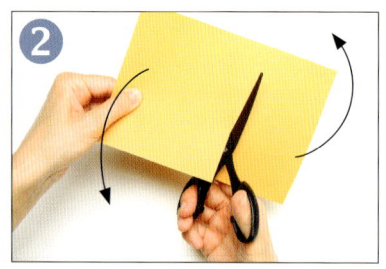

① ハサミは、刃を大きく開き、刃のつけ根までしっかり紙を入れ込んで、〇で囲んだ部分で切り始めるのが基本です。

② 切る方向を変えるときは、なるべくハサミは動かさず、紙を回転させて、望む角度に進みます。

③ 方向転換ができました。また刃を開いて、つけ根部分で切り進みましょう。

◆ カッターの使い方

※絶対に、紙を押さえている方の手を刃が進む方向に、置かないでください。

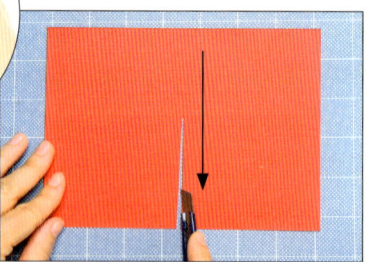

軽作業用カッターは、人差し指で刃を上から押さえて、刃先に力を集めるようにして切ります。

マットの上に紙を置き、手前に向かって縦にまっすぐ引いて切ります。横方向では力が不十分で刃先がぶれます。

細工用カッターは、ペンと同じように持ちます。

曲線を切ったり、細かな方向転換に適した刃物です。ここでも基本的には手前に引くようにして切りましょう。

◆ ポンチで丸い穴をきれいに開ける

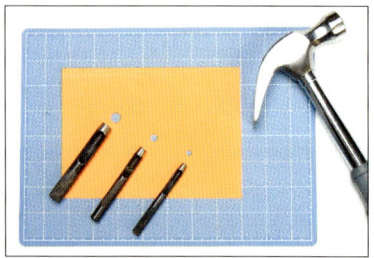

ポンチは主に皮に穴を開ける筒状の金属で、いろいろな口径があります。ハンマーも用意します。（ポンチは手芸店、ホームセンター、100円均一ショップなどで売っています）

コンクリートやフローリングなどの上にマットを置き、その上でポンチを打ち込むような作業をします。小さな力でもきれいな丸い穴を開けることができます。

◆ 接着剤について

紙の接着には**木工用ボンド**が便利です。接着力が強く、乾くと透明になります。のりしろなど面でしっかり着けるには**両面テープ**を、左右に引っぱる力が強い部分には**ホッチキス**を使ってみましょう。

◆ 2種類の折り線／谷折り・山折り

谷折り／折った線（折り筋）が奥になり、谷状になる折り方です。本書では、主に赤い細かな点線で示します。

山折り／折り筋が前に飛び出すように、山状になる折り方です。本書では、主に青い1点鎖線で示します。

◆ 折り筋をあらかじめつけてきれいに折る

紙を折る前に、折る線の上をカッターの背でなぞって、クセをつけましょう。しわがなくきれいに折れます。

カッターの背のかわりに、細い針や竹串を使うのもいいでしょう。

折り筋をあらかじめつけるのは、直線に限らず、曲線の場合でも有効です。作品におもしろい表情を加えることができます。

◆ 下書きは基本的に紙の裏に書く

❶ 切り紙を切って開くと、線対称なので表も裏も同じように仕上がっています。そのため、下書きを裏に書いて、切り終えたあと表に返しても、仕上がりは同じです。

❷ 裏から見ると右側に鉛筆の線が残っています。これを消すと消しゴムでこするときに、けっこう作品が傷むことがあるのです。

❸ 作品を表から見ています。切り紙としては、裏と同じ様子ですが、下書きの線は見えません。

型紙の使い方

楽に正確にデザイン通りの作品を仕上げる方法です。

本書ではすべての作品の図面を紹介しています。その図面は、コピーして型紙として使えるように、紙を折りたたんだ状態に下書きをした図を掲載しています。型紙の大きさは、作品の完成写真にある見本と同じ大きさに仕上がるものです。使用する紙の寸法や折り方は、作品ごとに表示しています。

◆カーボン紙を使う

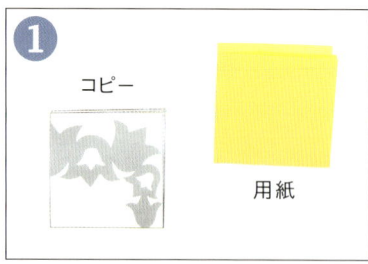

❶ 型紙をコピーして切り取ったものと、紙を折りたたんだものを用意します。

❷ 型紙と折りたたんだ紙の間に、カーボン紙をはさみ、デザインを鉛筆でなぞってみました。型紙にある線をそのまま紙に写すことができました。

❸ カーボン紙は同じ作品をいくつか作るときにとても便利です。色違いの紙で、たくさん作りくらべるときなど、作業を楽に行えます。

◆型紙もいっしょに切る

❶ 型紙をコピーして切り取ったものと、紙を折りたたんだものを重ねて、切り落としてしまう不要な部分をホッチキスでとめ、型紙と紙をまとめます。折り目の位置に注意してください。

❷ デザインの線に沿って、型紙と紙をいっしょに切ります。ホッチキスは3〜4ヵ所に針を打つと紙がずれず、作業しやすいでしょう。

ポップアップカードの基本

◆ 90度に折って見るポップアップカードの作り方

まん中で90度に2つ折りにして、飛び出す形を楽しむカードの作り方を紹介します。

❶ 谷折りで、全体を半分に折り、折りグセをつけてから開きます。

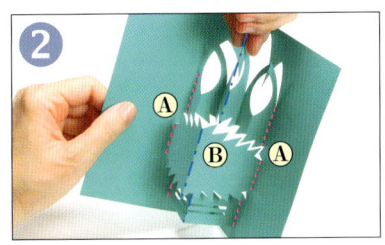

❷ 飛び出す形の左右両端を谷折りします（Ⓐ）。すると自然にまん中の折り筋が山折りで起きてきます（Ⓑ）。あとは、それ以外の折り筋を指示通りに折れば形が飛び出します。

❸ 形を飛び出させたまま、一旦全体を半分に折り、すべての折り目をはっきりさせましょう。そのあと好みで、裏に色違いの紙を貼ると、カードが華やかになり、しっかりとします。

◆ 180度に開いて見るポップアップカードの作り方

左右にカードを開ききって（180度に開いて）、飛び出す形を楽しむカードの作り方を紹介します。

❶ 裏を上にして、台紙を2つ折りにします。三角定規の60度の角を折り目に合わせて、斜めの線を書き込みます。

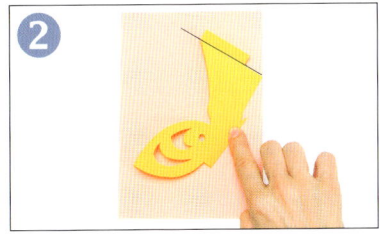

❷ 飛び出す部品を2つ折りにして、書き込んだ斜めの線に図のように合わせたとき、部品が台紙の外に出なければ、位置として最適です。

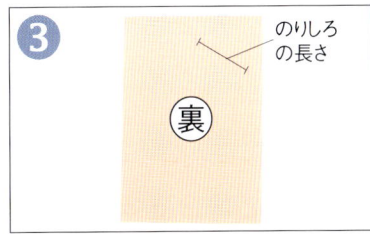

❸ 台紙を2つ折りにしたまま、60度に傾いた線の一部を切って、のりしろを差し込む切り込みを作ります。

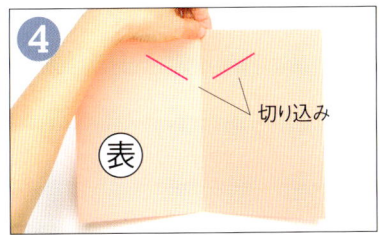

❹ 台紙を表から見てみましょう。切り込みがまん中の線をはさんで、左右にあります。ここにのりしろを差し込みます。

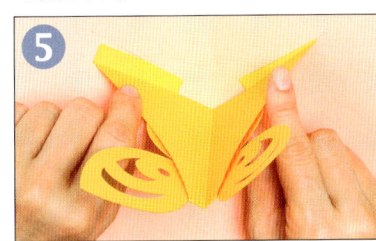

❺ 飛び出す部品ののりしろを差し込んでいる途中の様子です。

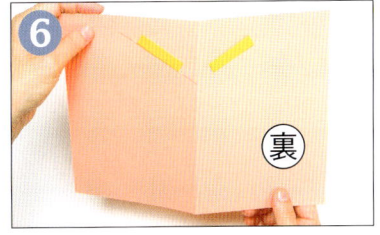

❻ 裏から見たのりしろの様子です。位置が決まったら、のりしろの部分に接着剤をつけて、部品を台紙に接着しましょう。

❼ 表に返し、全体をゆっくり半分にたたんでみましょう。部品が自然に折りたたまれて倒れます。逆に開くと、部品が立ち上がり、飛び出します。

11

紙の寸法と折りたたみ方

切り紙は、紙を折りたたんだ状態で切って作ります。そのことによって、線対称の図形に仕上がるのです。

ここでは基本的な紙の折りたたみ方を紹介します。四角柱に組み立てる作品など、いくつかの作品については、あとのページで、作品の近くに逐一折り図を載せて紹介しています。

◆本書でよく使用する紙の寸法です。寸法を確認して、紙を用意してください。

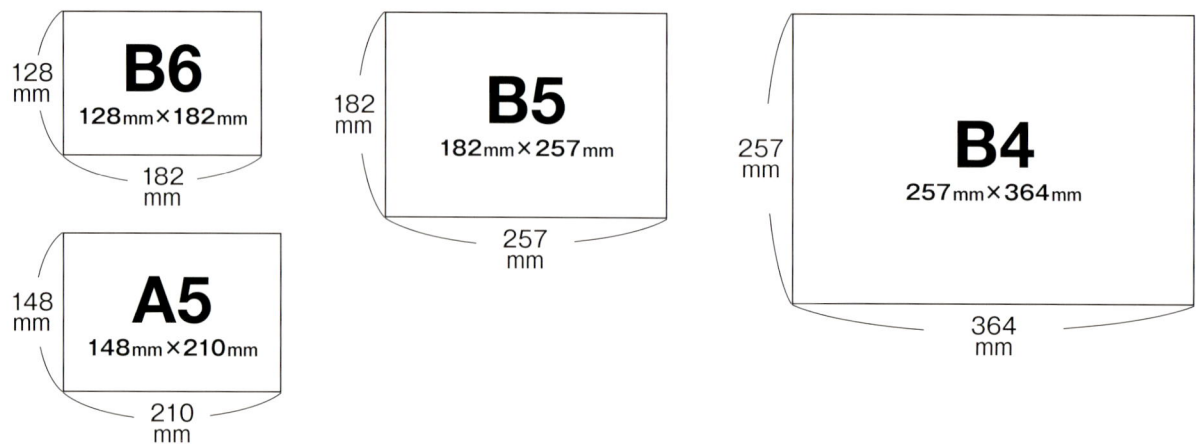

A 横に2つ折り

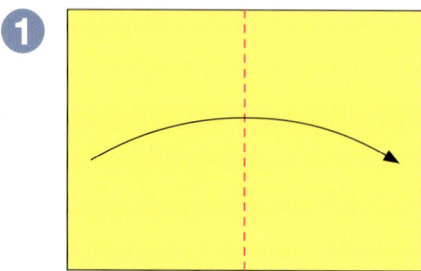 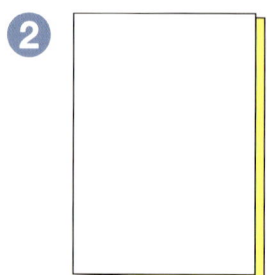 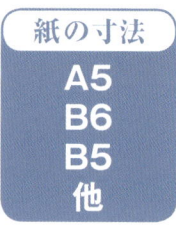

紙の寸法
A5
B6
B5
他

B 縦に2つ折り

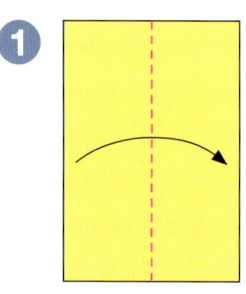 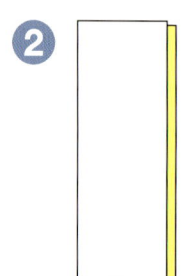 

紙の寸法
B6
他

C 正方形を2つ折り

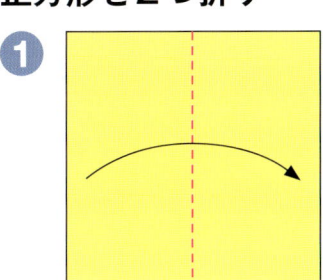
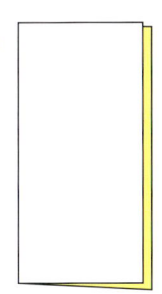

紙の寸法
180×180

D 長方形を4つ折り

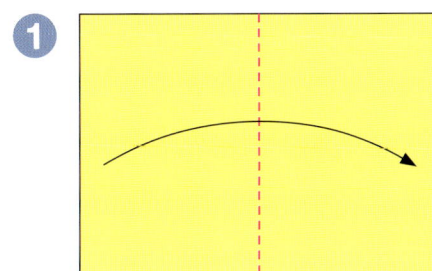
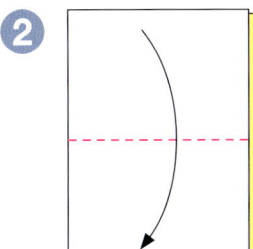

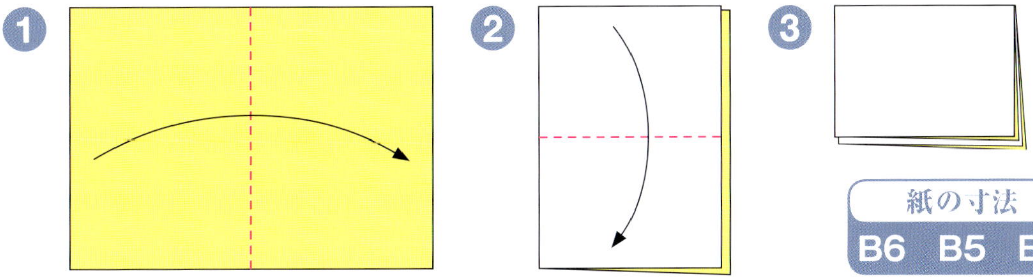

紙の寸法
B6 B5 B4

E 正方形を4つ折り

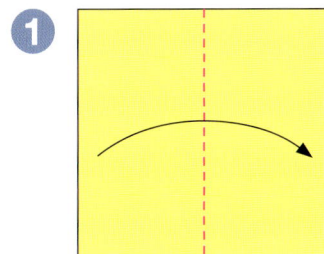
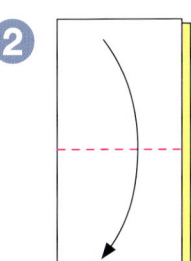
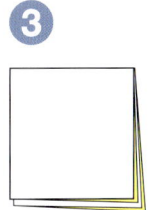

紙の寸法
180×180

F G 三角形に4つ折り、8つ折り

紙の寸法
150×150

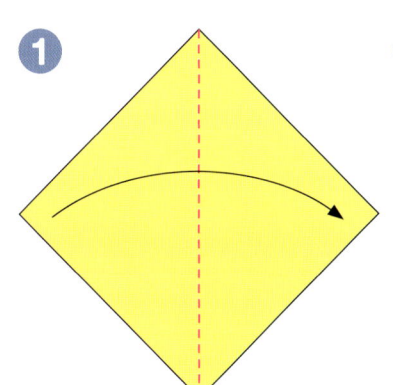
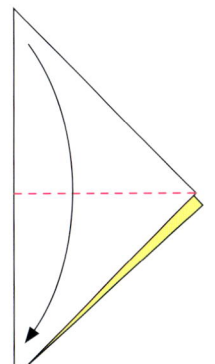
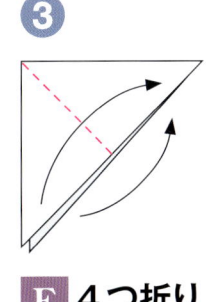
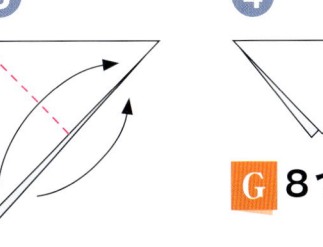

F 4つ折り

G 8つ折り

1月

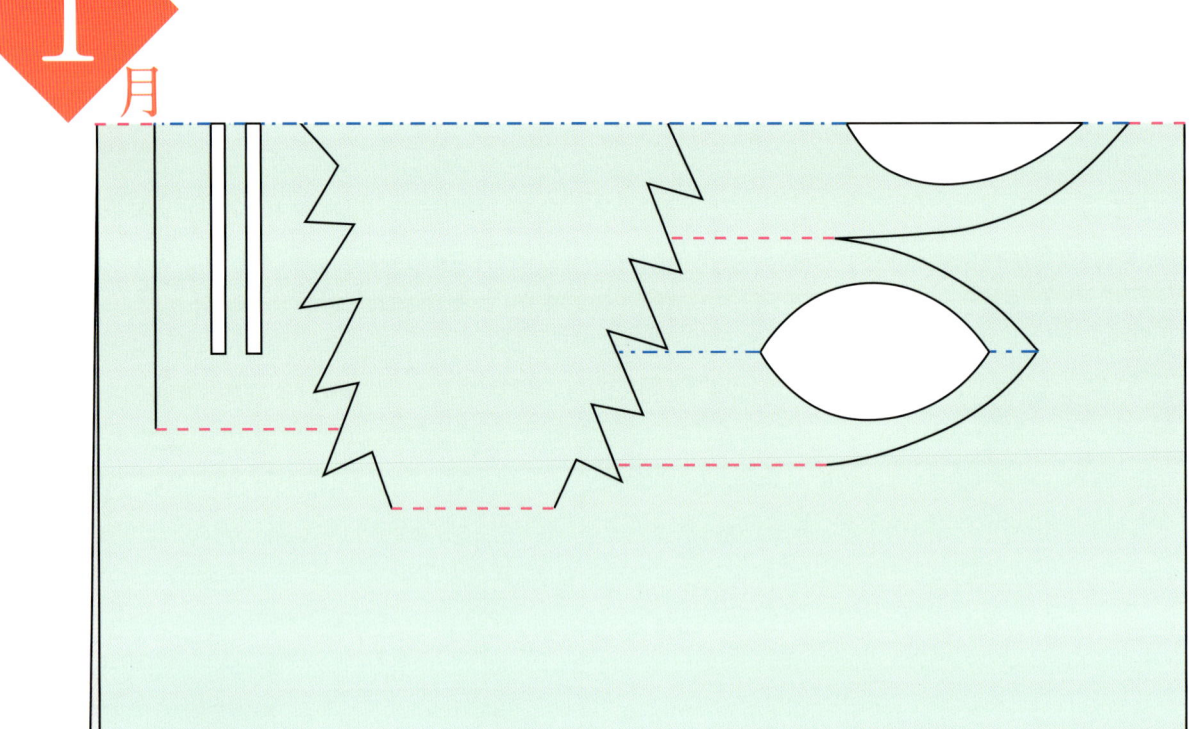

✂ 門松カード
- ●紙の大きさ／ A5
- ●紙の折り方／ **A** タイプ・横に2つ折り

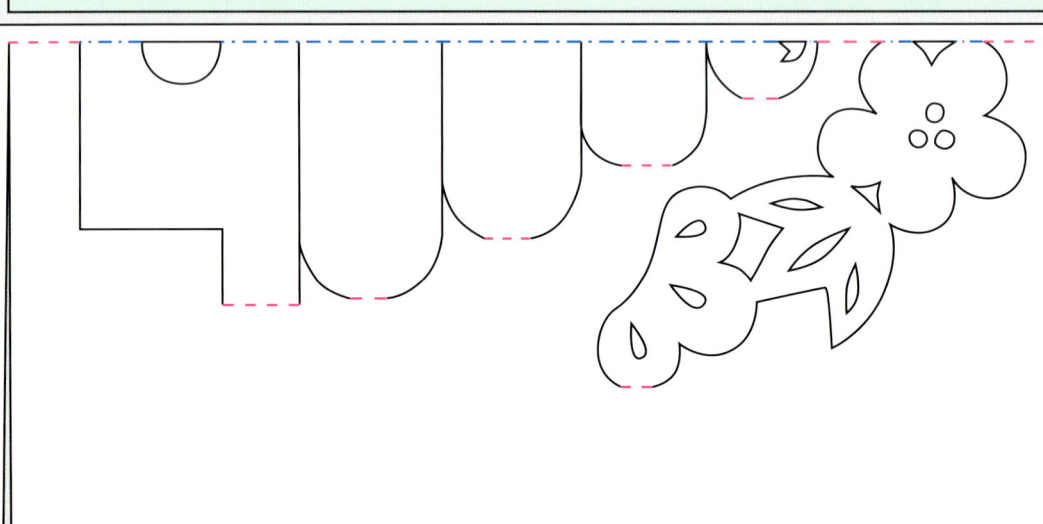

✂ 松竹梅・鏡餅カード
- ●紙の大きさ／ A5
- ●紙の折り方／ **A** タイプ・横に2つ折り

門松カード

松竹梅・鏡餅カード

鶴の色紙飾り

封筒

ミニ切り紙・鯛&扇

ミニ切り紙・鯛＆扇

- ●紙の大きさ／縦 150×横 150mm
- ●紙の折り方／**G** タイプ・三角形に8つ折り

鶴の色紙飾り

- ●紙の大きさ／B6
- ●紙の折り方／**A** タイプ・横に2つ折り

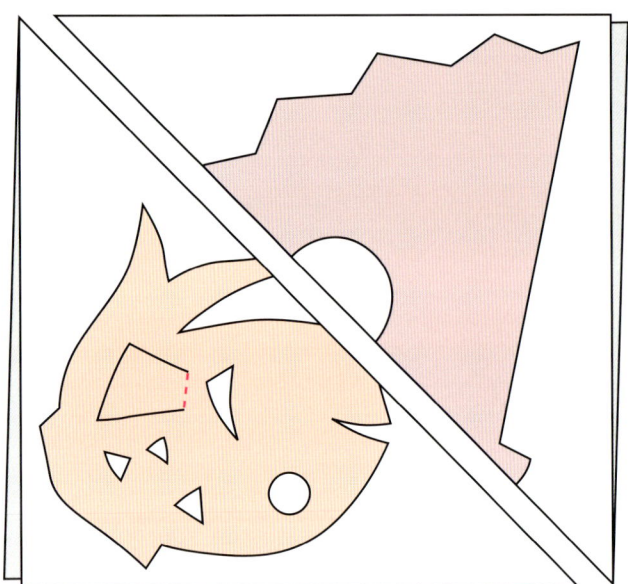

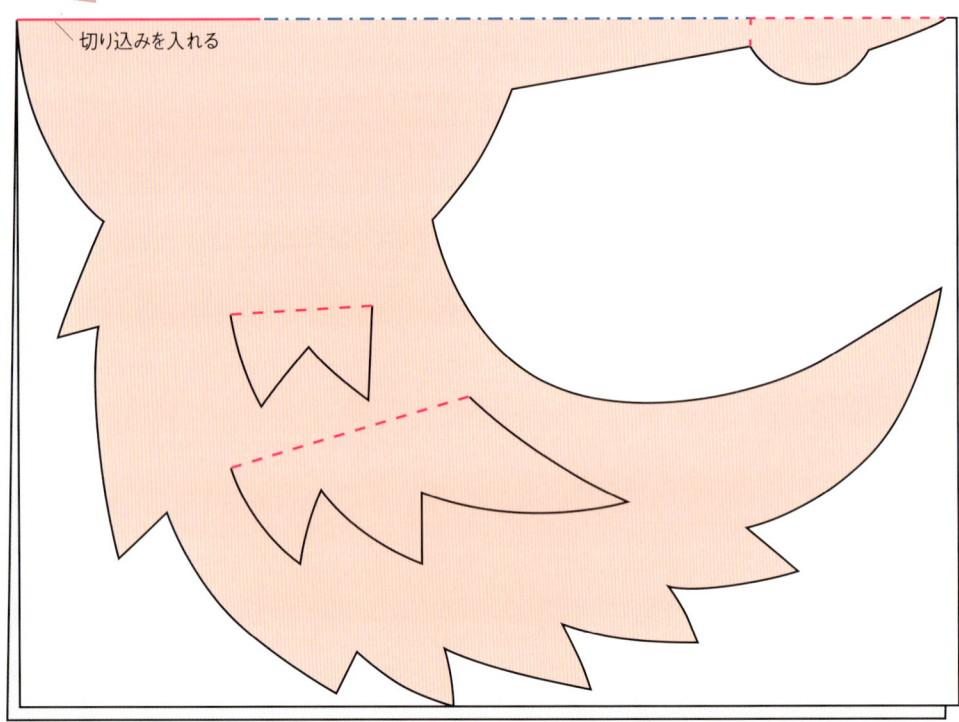

切り込みを入れる

鶴の色紙飾り

1 まん中の切り込みの右側を上にして左右から紙を寄せ合わせて、鶴の身体を円錐状にします。形が決まったら接着しましょう。

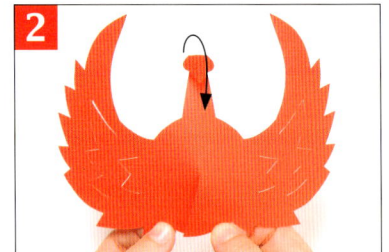

2 頭を折り下げます。さらに、切り込みを使って羽毛を起こし、翼の先も手前にカールさせて表情を持たせます。

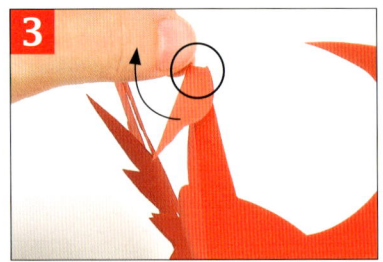

3 首のまん中の線を山折りしてクセをつけたあとに、頭を少し前に引っぱり出します。位置が決まったら、○の部分を指でつまんで押さえて、固定します。

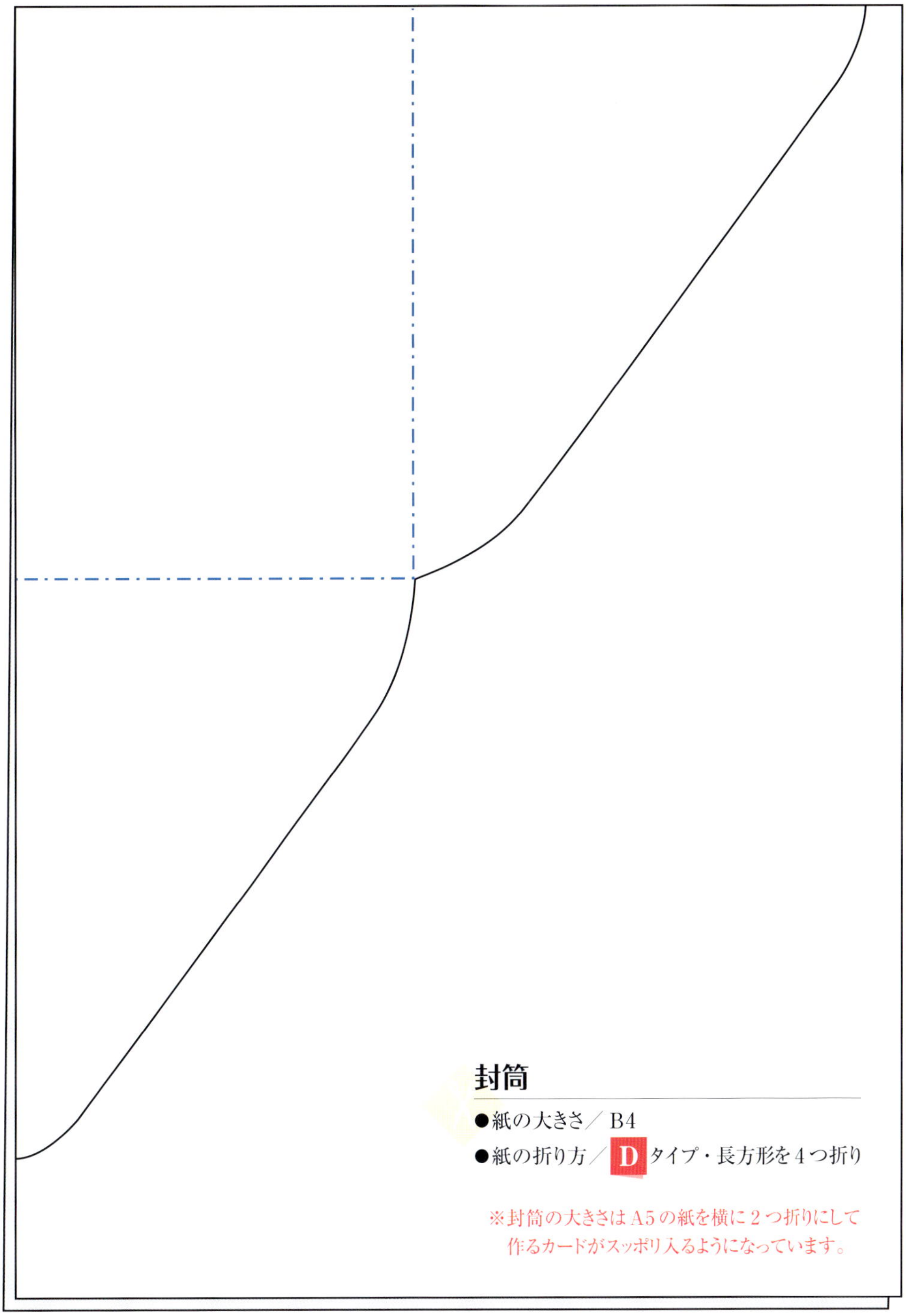

封筒

- ●紙の大きさ／B4
- ●紙の折り方／**D**タイプ・長方形を4つ折り

※封筒の大きさはA5の紙を横に2つ折りにして作るカードがスッポリ入るようになっています。

封筒

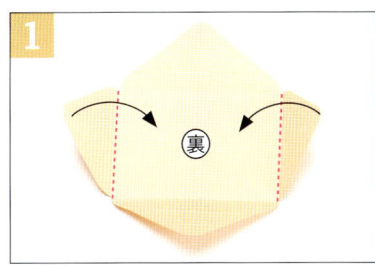

1 裏を上にしています。左右の三角形を谷折りでまん中に集めます。

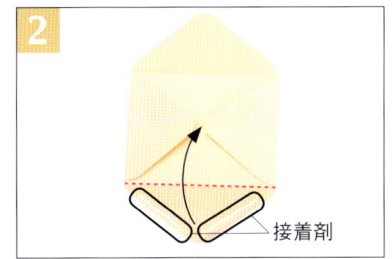

2 下の三角形の縁に接着剤をつけて折り上げ、1で折った部分の上にくっつけます。

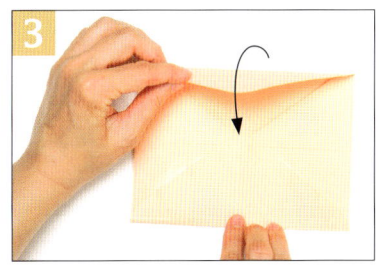

3 手紙などを入れたあと、上の三角を閉じましょう。

バレンタインカード

- ●紙の大きさ／A5
  （ハート）縦60×横90mm
- ●紙の折り方／**A**タイプ・横に2つ折り

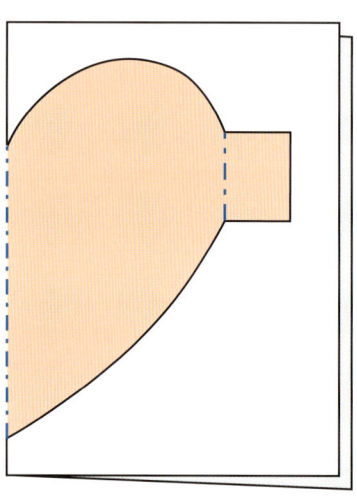

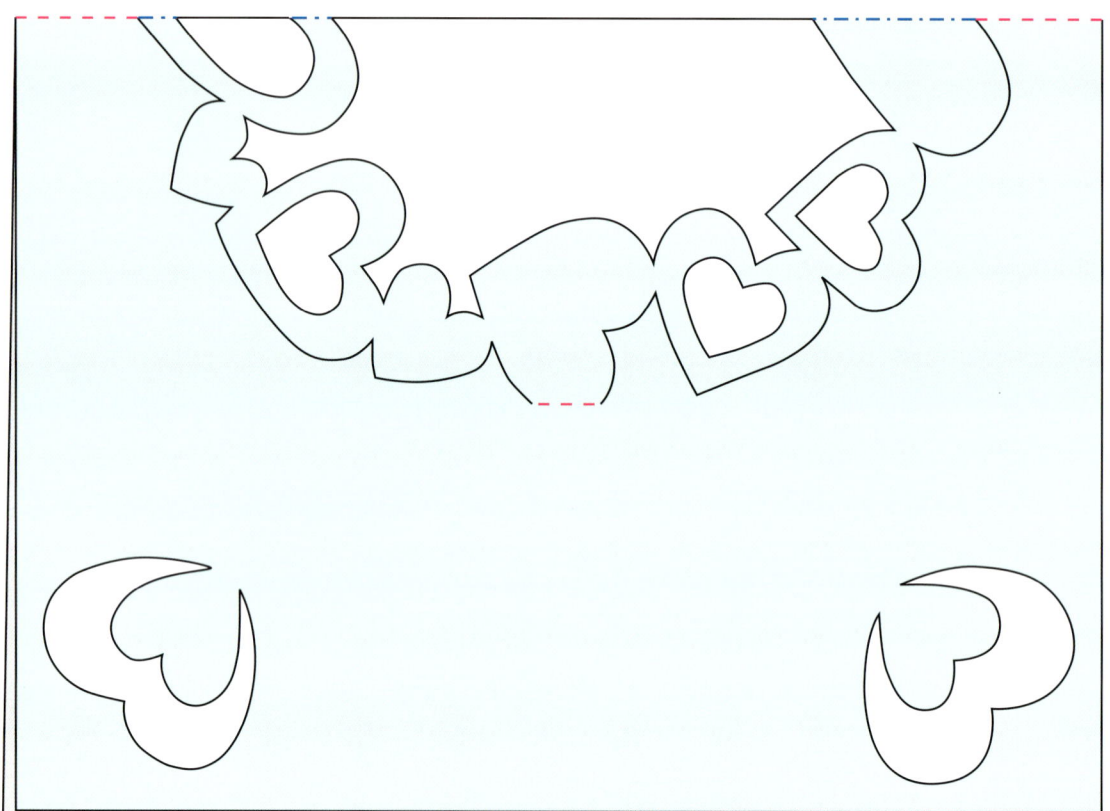

バレンタインカード

ハートの部品ののりしろを山折りで裏に折り返して、接着剤をつけて、台紙にくっつけます。位置に注意しましょう。

ハートのリースの左右両端を谷折りに、ハートの部品のまん中を山折りにします。

2 を折ると、自然に形のまん中の折り筋が山折りで起きてきます。

バレンタインカード

切り紙重ね皿・桃の花

- ●紙の大きさ／縦150×横150mm
- ●紙の折り方／**G** タイプ・三角形に8つ折り

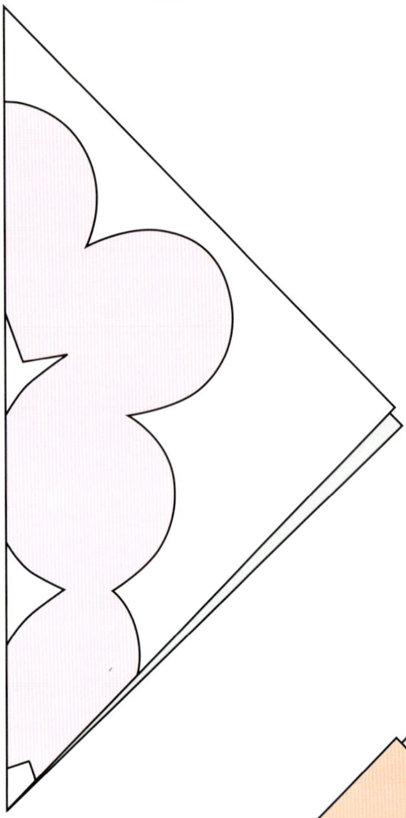

切り紙重ね皿・葉っぱ

- ●紙の大きさ／縦150×横150mm
- ●紙の折り方／**G** タイプ・三角形に8つ折り

紙皿（共通）

- ●紙の大きさ／縦150×横150mm
- ●紙の折り方／**G** タイプ・三角形に8つ折り

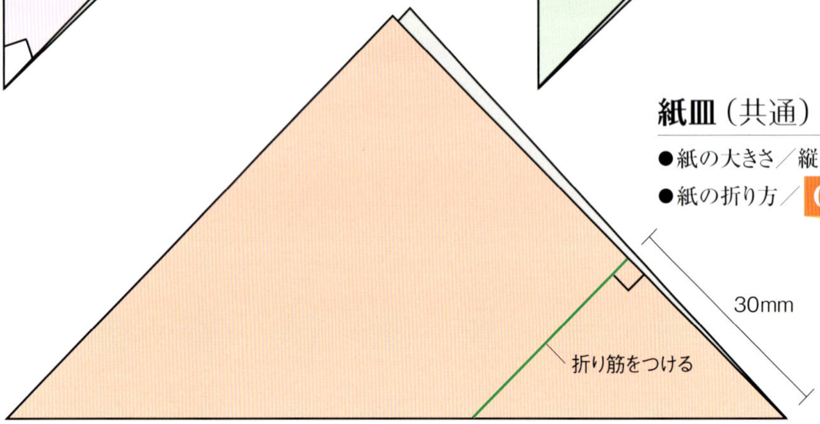

30mm

折り筋をつける

紙皿

1 折り筋を使って、谷折りで小さな正方形を形作りながら4つの側面を折り上げて、紙皿の底になる部分を作ります。

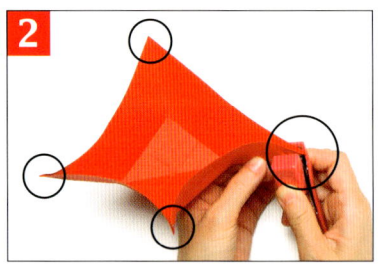

2 正方形の対角線をつまむようにして、ホッチキスでとめると、菱形の紙皿に仕上がります。

3 切り紙の向きを確認して、紙皿の上に重ねてみましょう。

1本ヅノのオニ箱

●紙の大きさ／B5
●紙の折り方／折り図参照

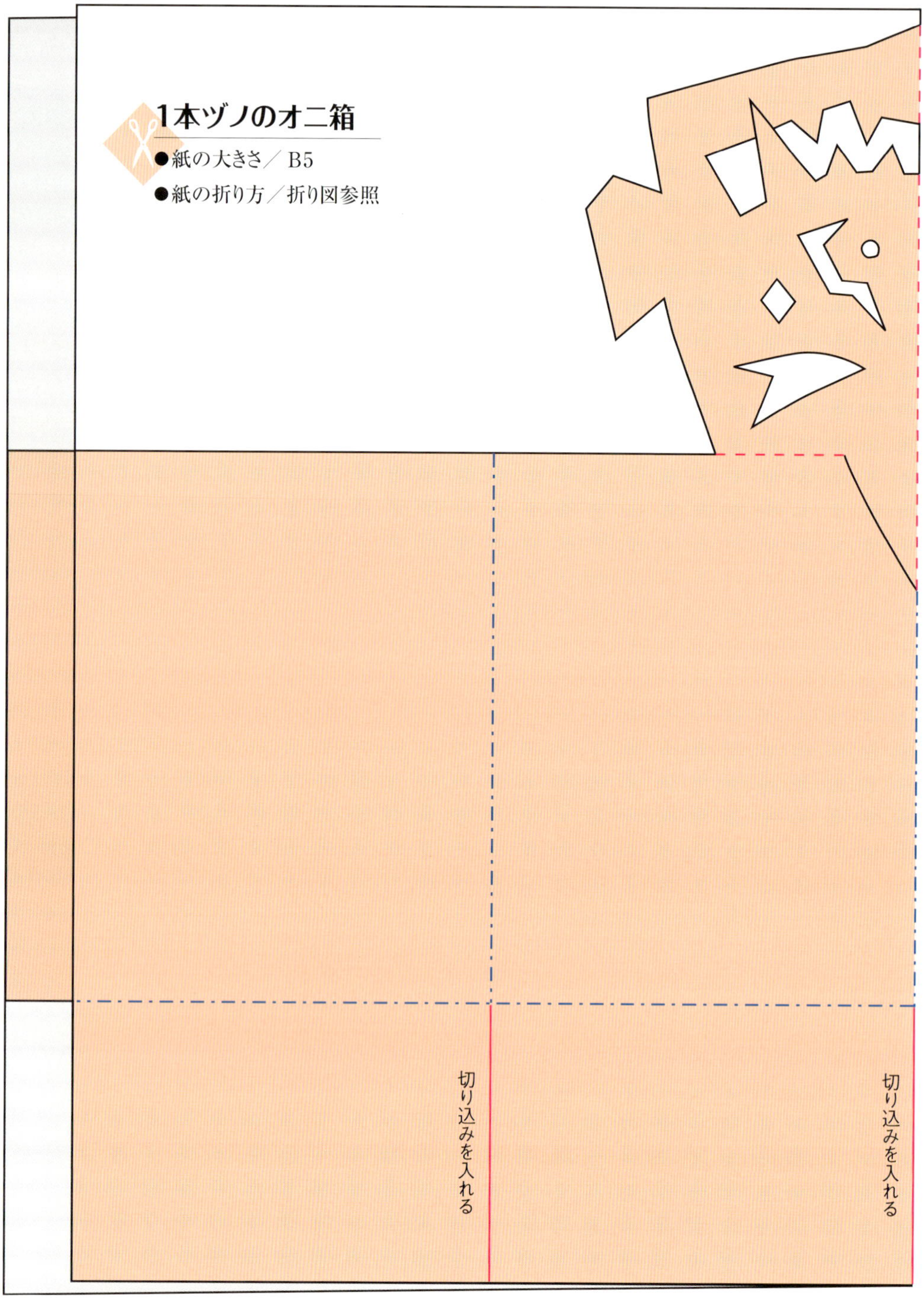

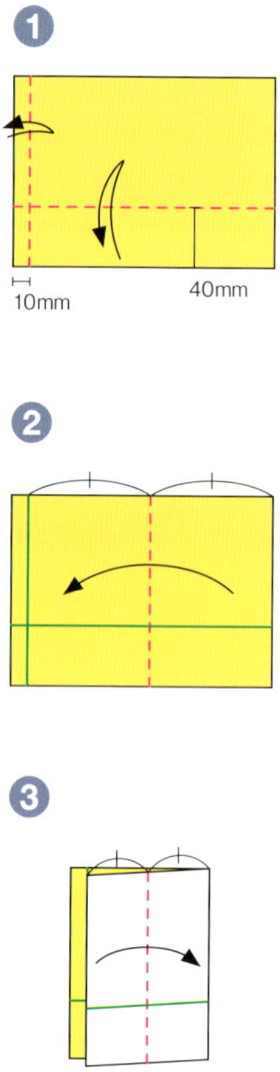

切り込みを入れる
切り込みを入れる

❶
10mm
40mm
❷
❸

1本ヅノのオニ箱

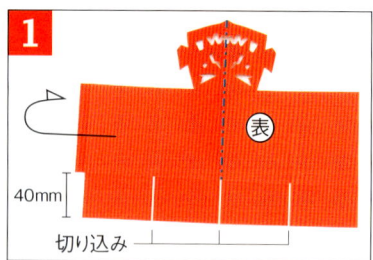

1
表
40mm
切り込み

オニの顔を半分にする位置で、全体を山折りで２つ折りにします。

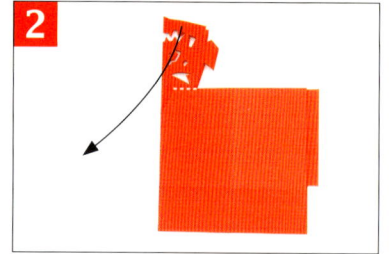

2

オニの顔を半分に折ったままで、やや左下に折り下げます。折る位置はツノの横です。

3

図のようになったら開いて、**1**の状態に戻します。

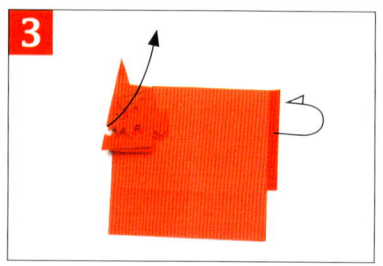

2本ヅノのオニ箱

- ●紙の大きさ／B5
- ●紙の折り方／折り図参照

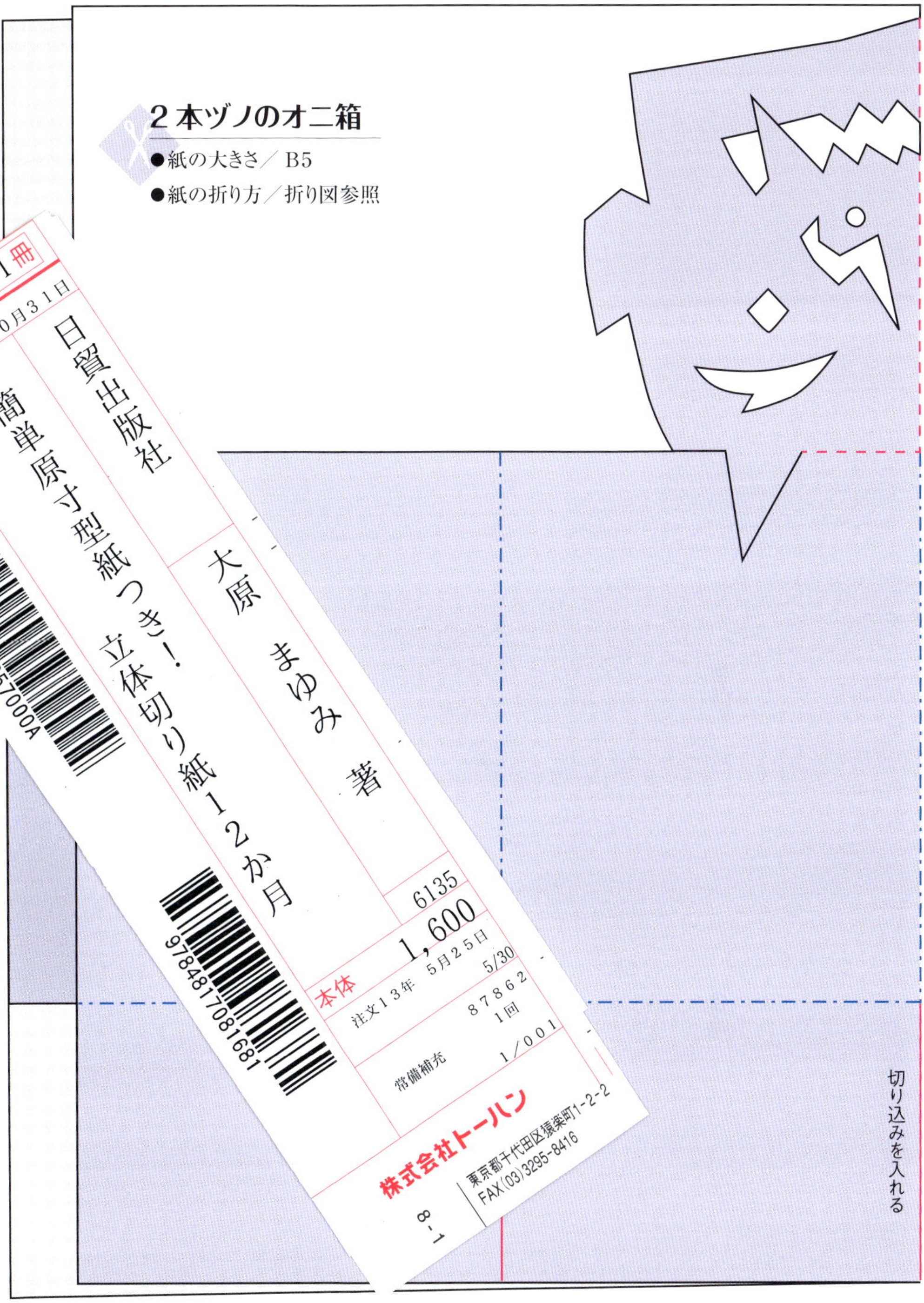

④

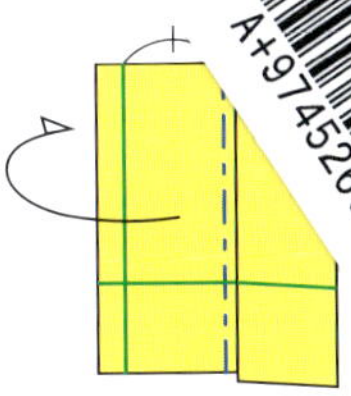

⑤

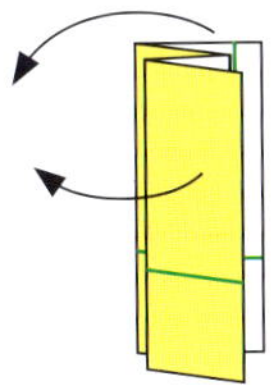

⑥

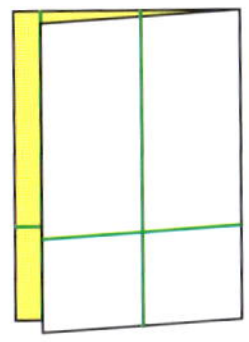

切り込みを入れる

4 ②でつけた折り筋を使って、オニの顔を折り下げます。

5 全体を四角柱に組んで、裏でのりしろが内側になるように接着します。

6 底の部分を折りたたみましょう。お互いを接着して、形をしっかりさせるといいでしょう。

3月

引越しカード

マイホームのレターヘッド

ちょうちょうカード

ちょうちょうカード

- ●紙の大きさ／（ちょうちょう）B6　（台紙）B5
- ●紙の折り方／（ちょうちょう）**B** タイプ・縦に２つ折り　（台紙）**A** タイプ・横に２つ折り

ちょうちょうカード

ちょうちょうの部品を組み立てます。表を上にしています。ちょうちょうの裏の下書き線を消したあと、折り下げます。

全体を山折りで半分に折ります。

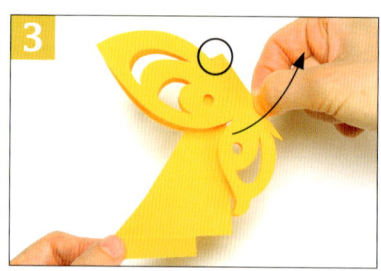

ちょうちょうを少し前に引っぱり出します。位置が決まったら、○の部分を指でつまんで押さえて、固定します。台紙を用意して、11頁を参考にして、カードを仕上げましょう。

マイホームのレターヘッド

- ●紙の大きさ／縦 150 × 横 150mm
- ●紙の折り方／**F** タイプ・三角形に4つ折り

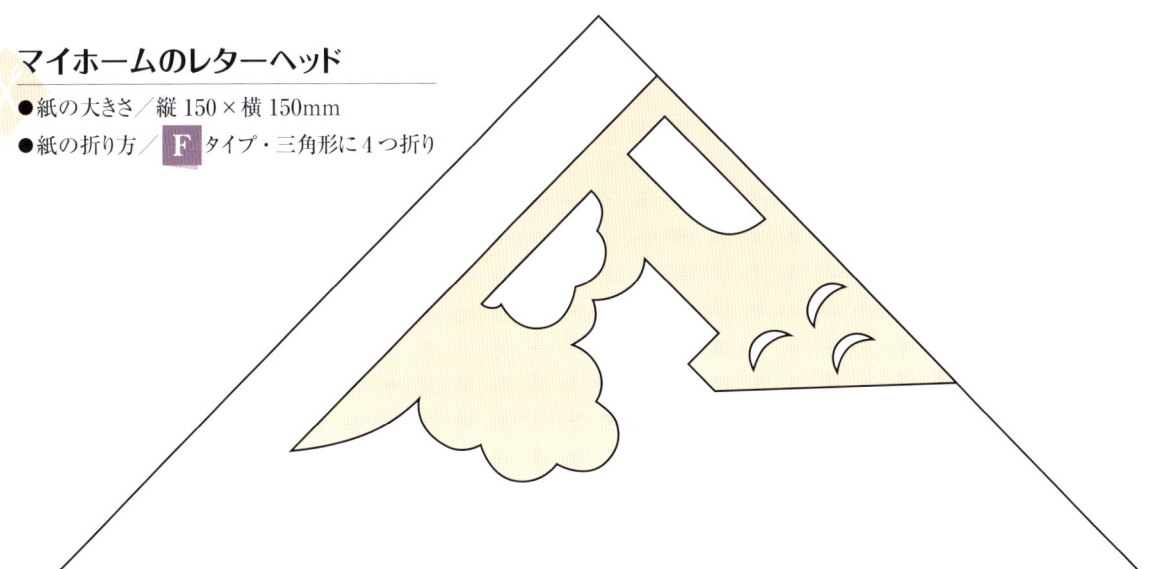

引越しカード

- ●紙の大きさ／A5
- ●紙の折り方／**A** タイプ・横に2つ折り

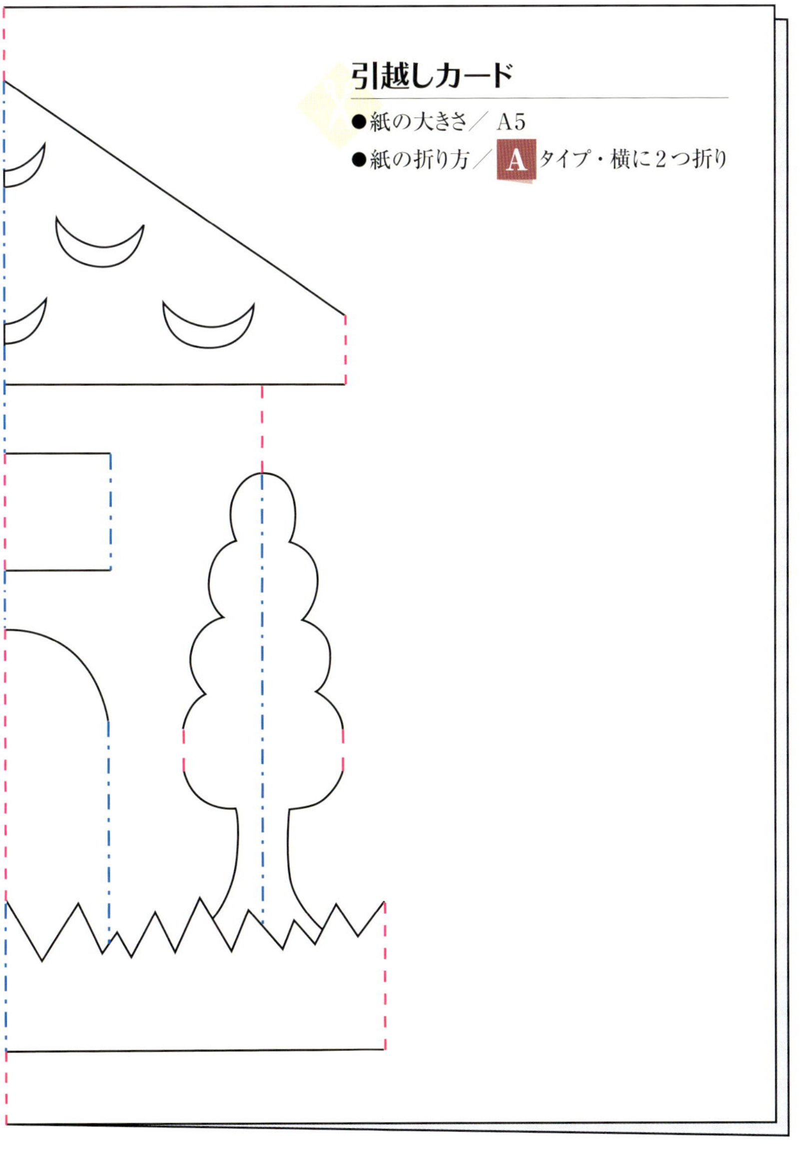

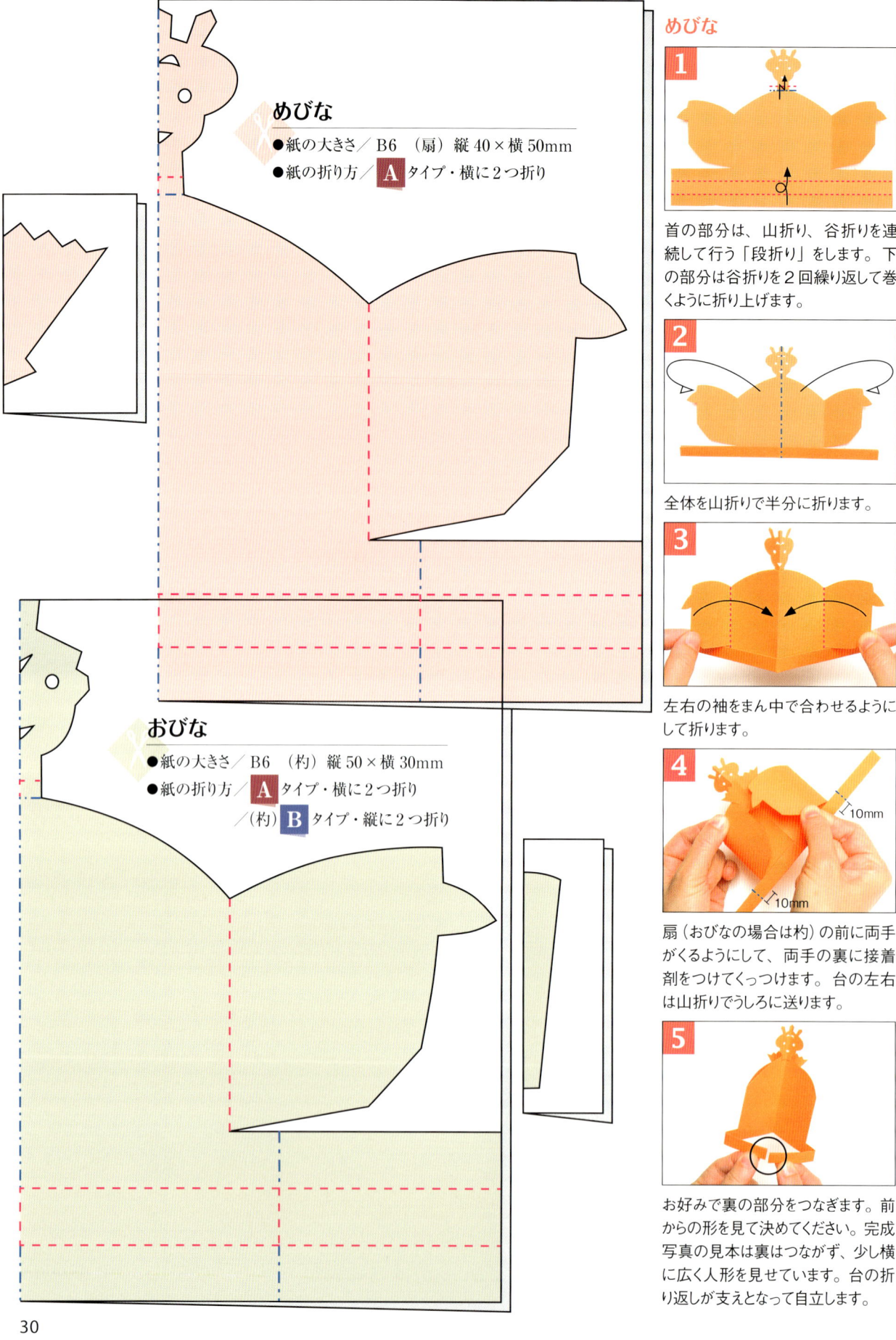

屏風

おびな　　　めびな

屏風

●紙の大きさ／B5

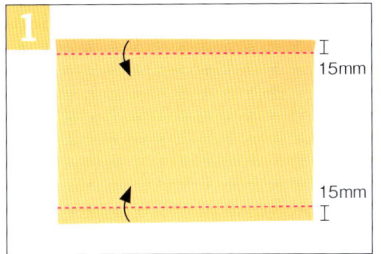

B5の紙を横長に置き、上下をそれぞれ15mmずつ谷折りで折り返します。

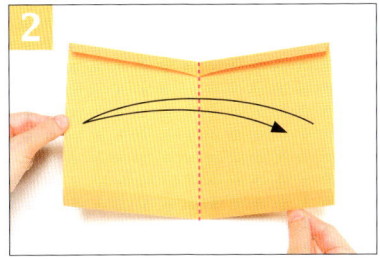

全体を谷折りで半分にして、しっかり折り筋をつけたあと、元の形に開きます。

左右の端を 2 でつけたまん中の折り筋で合わせて折り、しっかり折り筋をつけたあと、元の形に開きます。

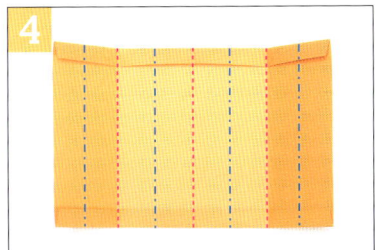

端から山折り、谷折りの順で折ります（じゃばら折り）。しっかり折り筋をつけましょう。

4 を折っている途中の様子です。

形を整え裏返して、できあがりです。

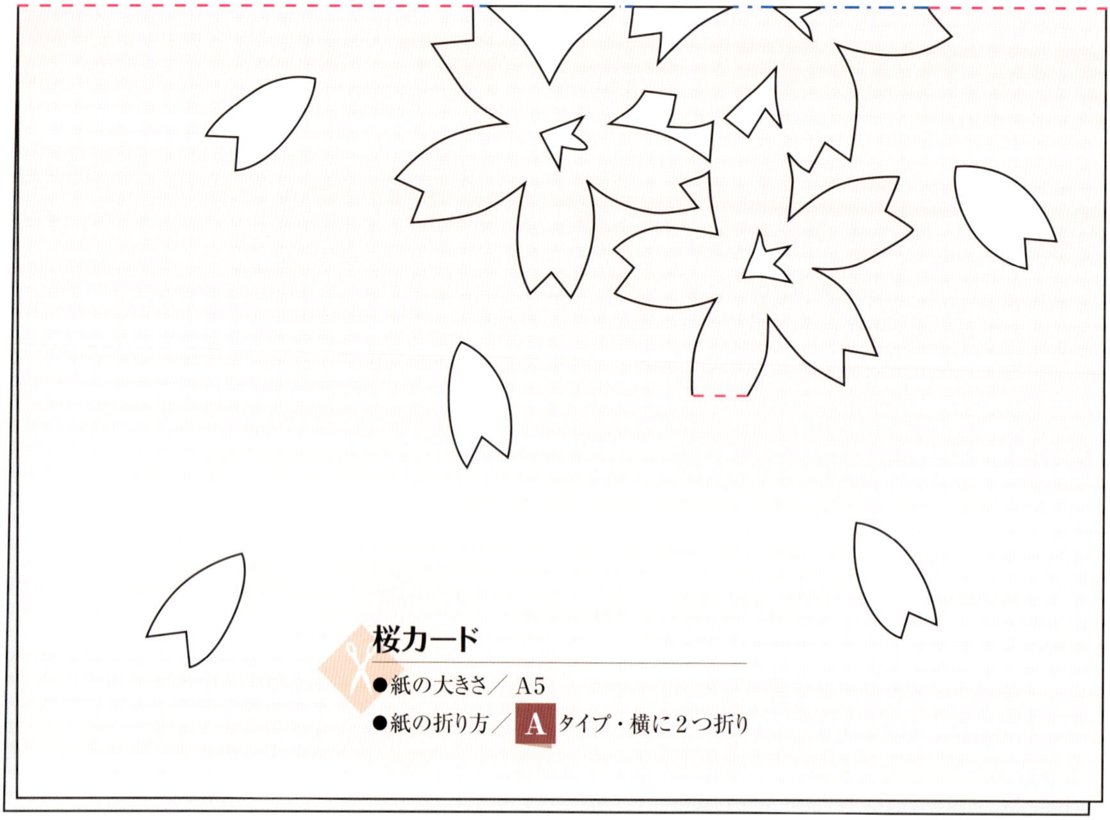

4月

桜カード
- ●紙の大きさ／A5
- ●紙の折り方／**A** タイプ・横に2つ折り

花束カード
- ●紙の大きさ／A5
- ●紙の折り方／**A** タイプ・横に2つ折り

桜カード

花束カード

花の飾り箱

ハートの飾り箱

ハートの飾り箱

- ●紙の大きさ／B4
- ●紙の折り方／**D** タイプ・長方形を4つ折り

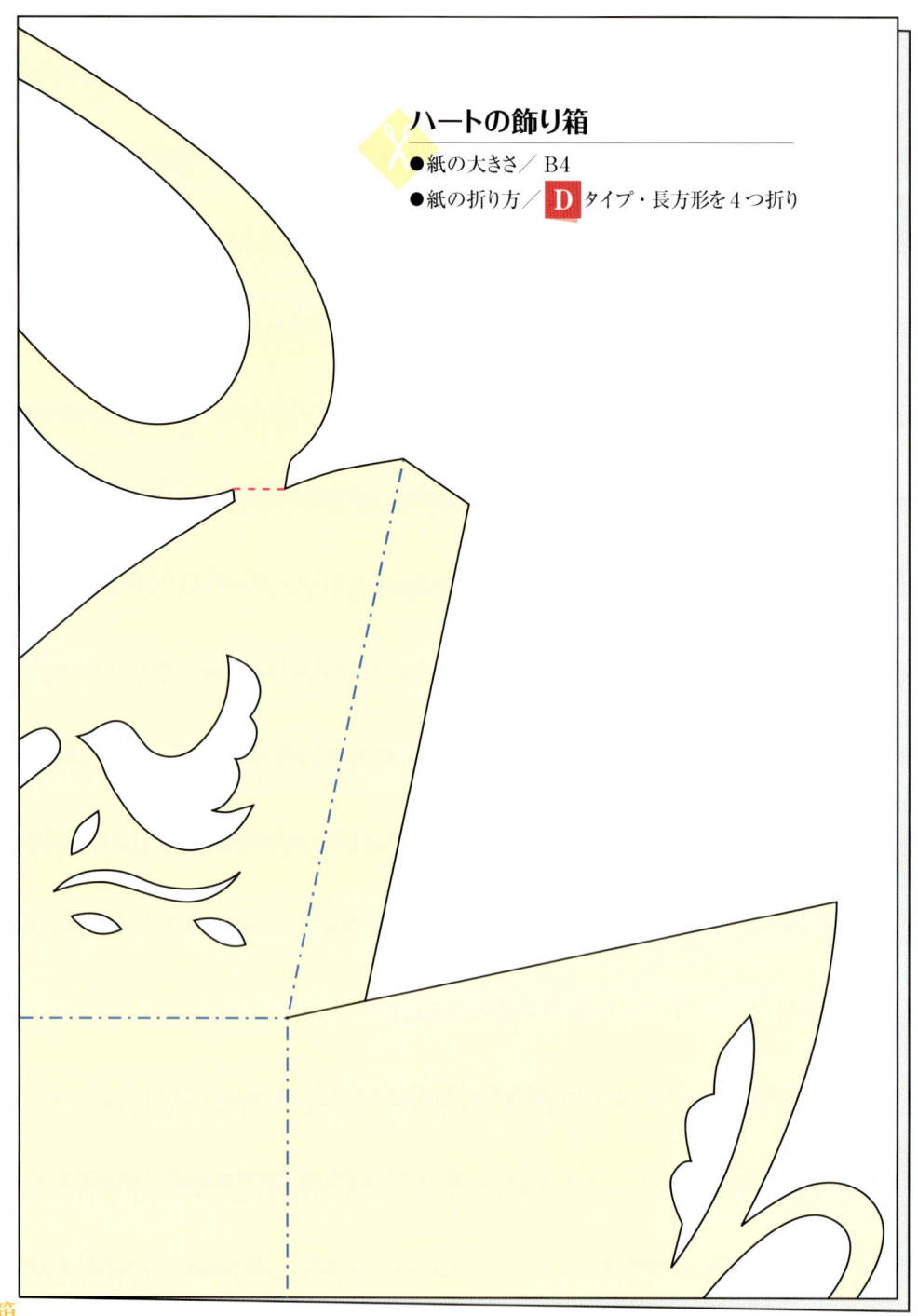

ハートの飾り箱

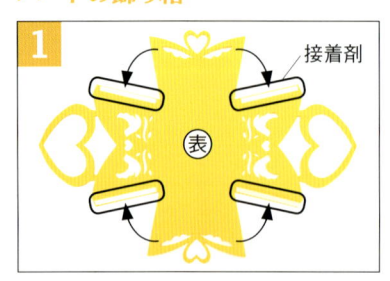

1 切り紙を横長の状態で表を上にして置きます。◯で囲んだ部分に接着剤をつけて、となりの側面と貼り合わせます。

2 4つ角の稜線を、ていねいに貼りあわせましょう。底の正方形の4辺をくっきりした線で折ると、全体の形が整いやすいでしょう。

3 ハートの部分は折り下げて仕上げます。

花の飾り箱

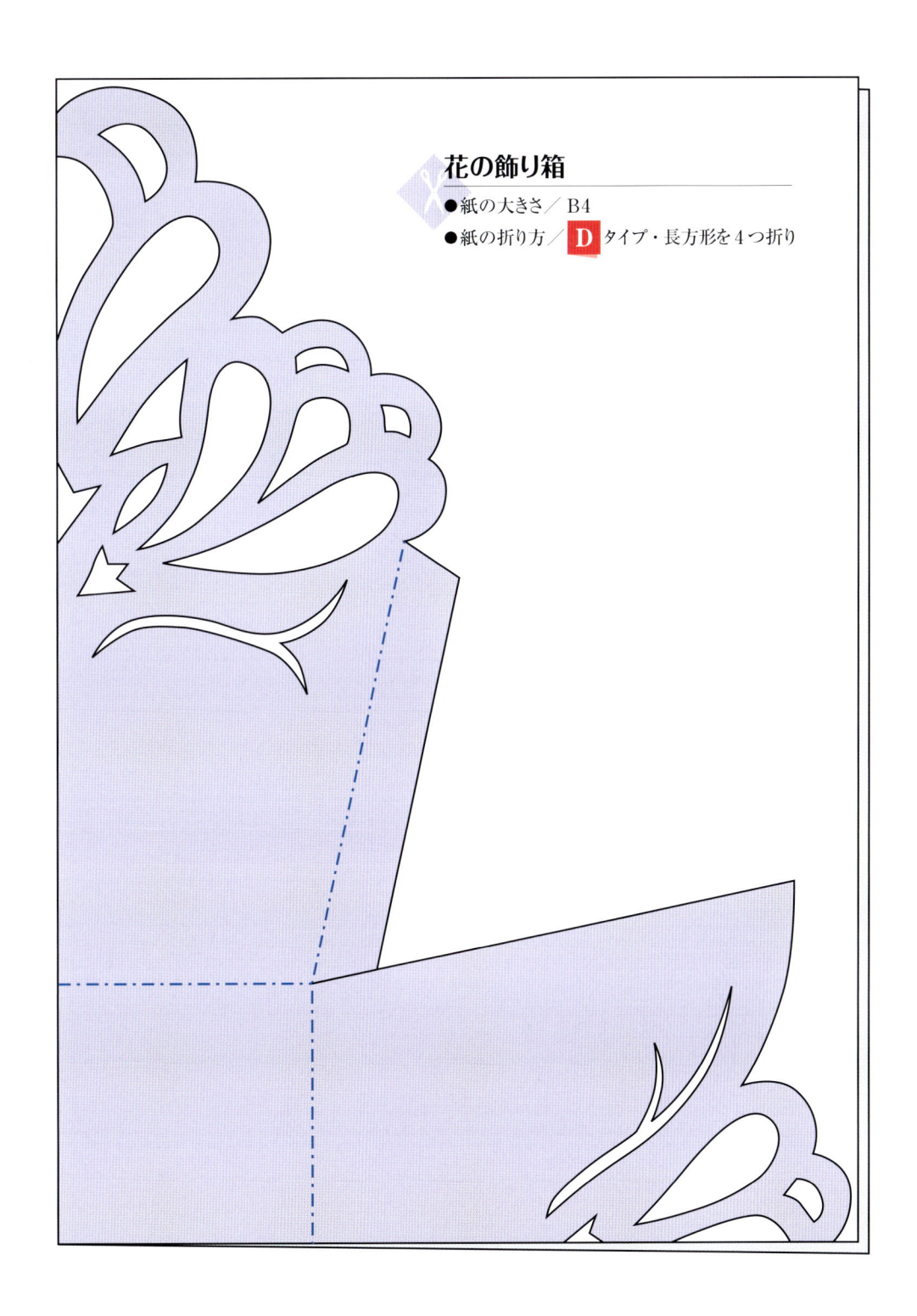

- ●紙の大きさ／B4
- ●紙の折り方／**D** タイプ・長方形を4つ折り

暮らしを彩る切り紙小物 1　写真を切り紙で飾ろう！

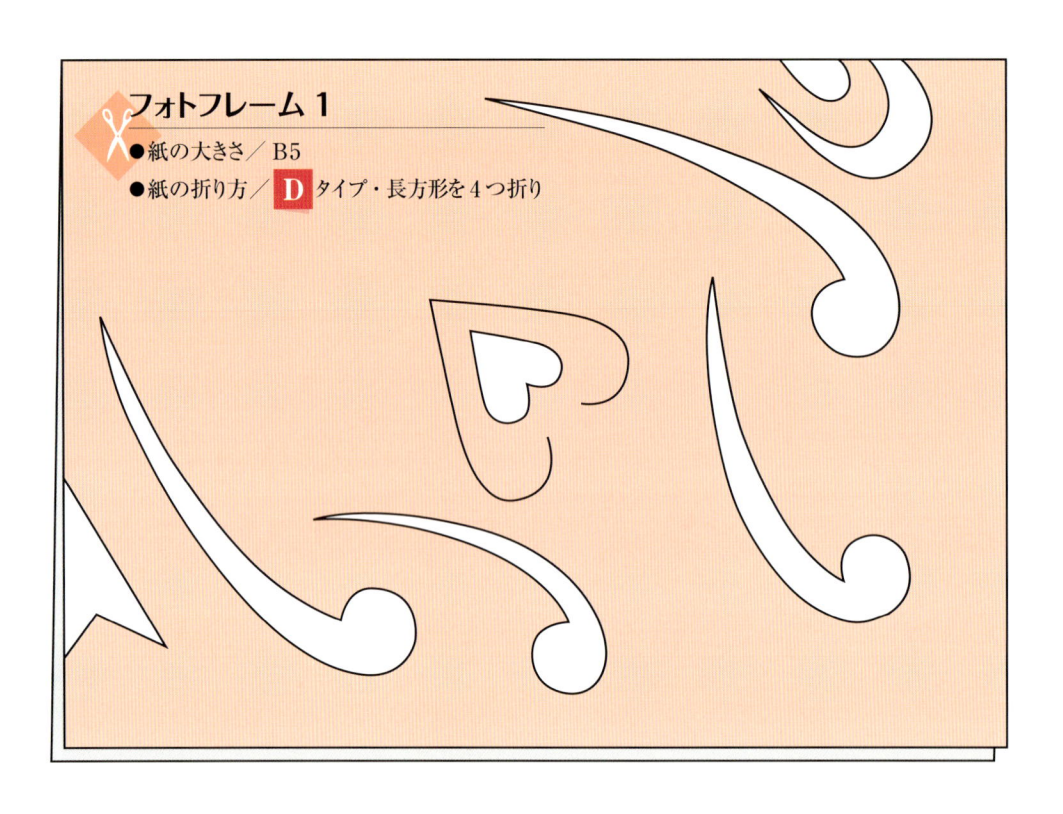

フォトフレーム 1
- 紙の大きさ／B5
- 紙の折り方／**D** タイプ・長方形を4つ折り

フォトフレーム 2
- 紙の大きさ／B5
- 紙の折り方／**D** タイプ・長方形を4つ折り

フォトフレーム1

フォトフレーム2

フォトスタンド・縦型

フォトスタンド・横型

フォトフレーム

写真の縦横を気にせず使えるフォトフレームです。左のように写真の4つ角を差し込みましょう。写真の裏に小さな両面テープをつけておくと、位置が定めやすいでしょう。

フォトスタンド・横型

- ●紙の大きさ／B5
- ●紙の折り方／折り図を参照

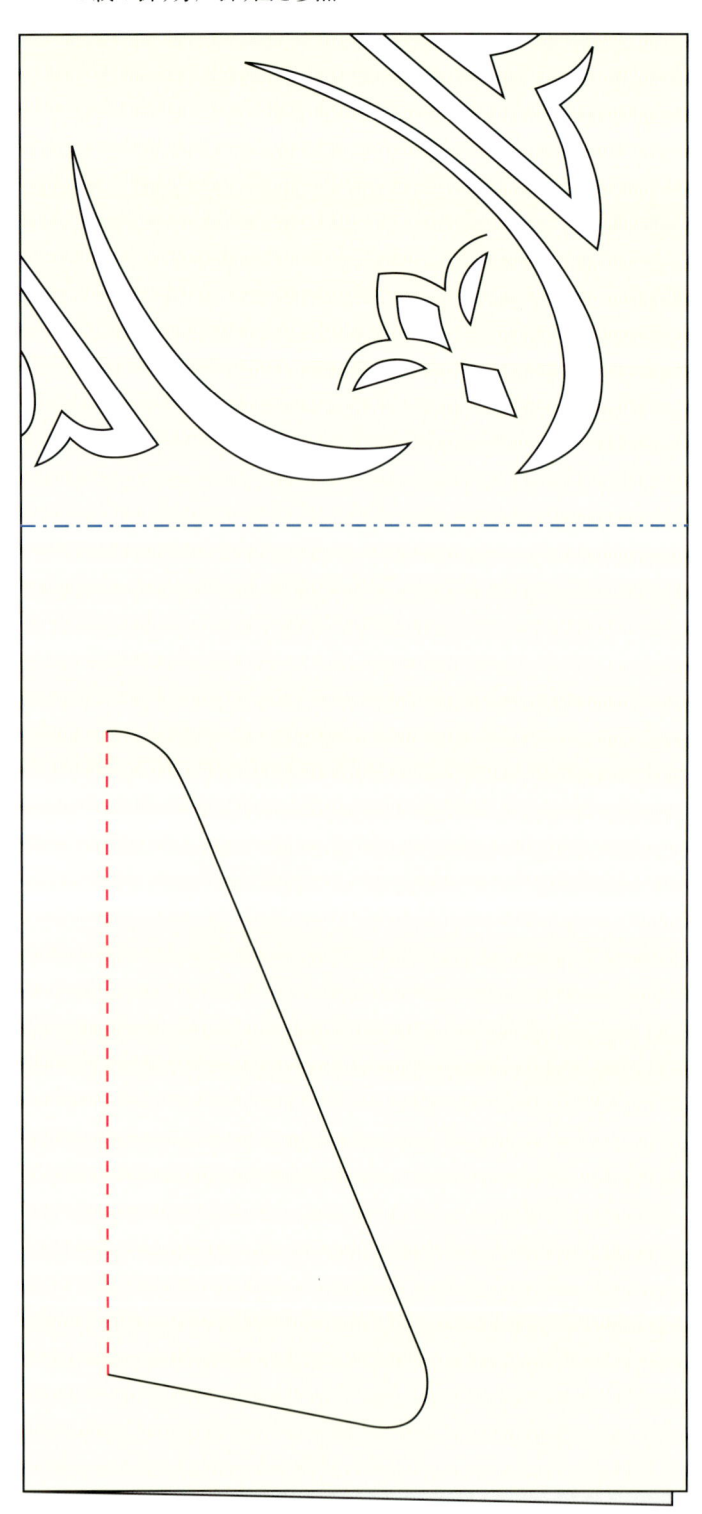

横型

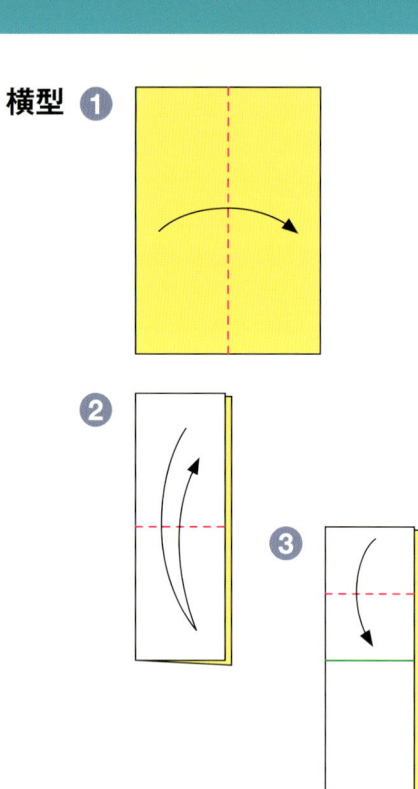

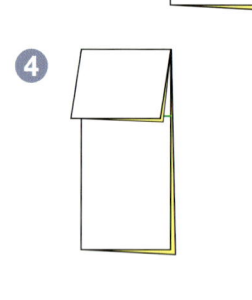

縦型

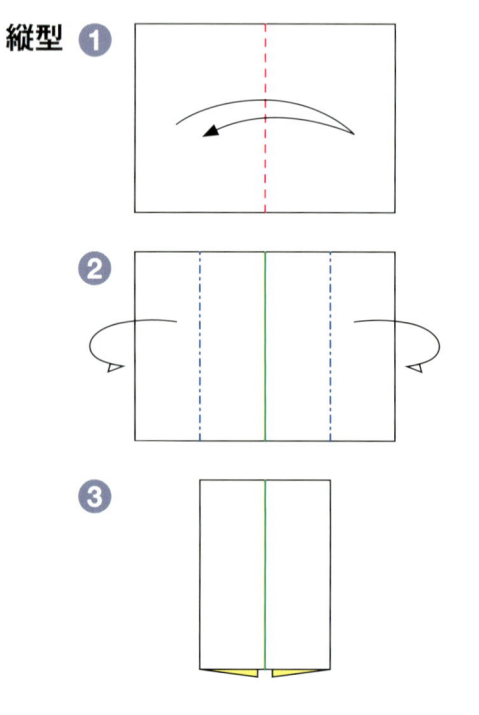

フォトスタンド・縦型

- 紙の大きさ／B5
- 紙の折り方／折り図参照

フォトスタンド

1 下書きをした裏が内側になるようにして、中に色の違う紙を入れて、切り紙を閉じます。スタンド以外の部分を接着しておきましょう。

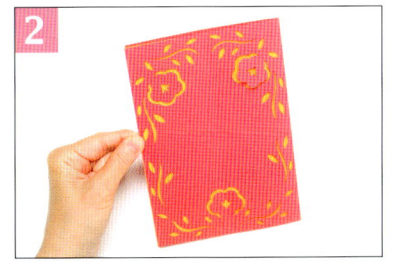

2 中に入れた色違いの紙の効果で、デザインがはっきり見えます。

3 裏のスタンドの部分を起こして、立ててみましょう。

41

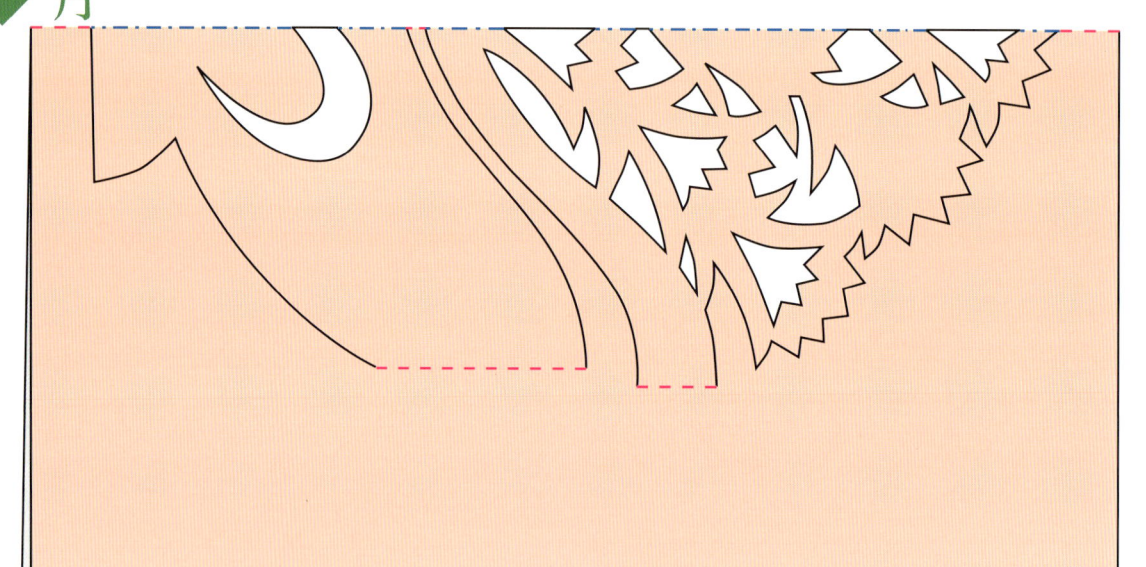

5月

母の日カード
- 紙の大きさ／ A5
- 紙の折り方／ **A** タイプ・横に2つ折り

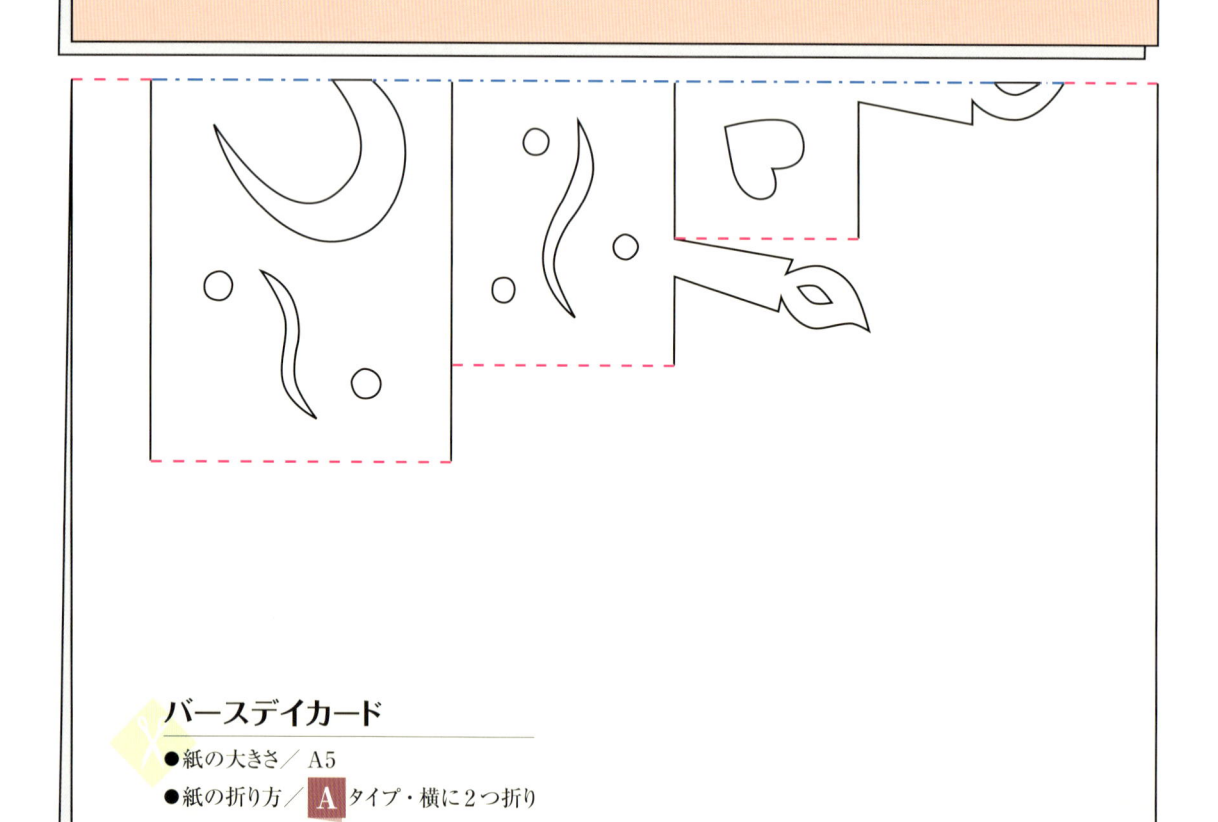

バースデイカード
- 紙の大きさ／ A5
- 紙の折り方／ **A** タイプ・横に2つ折り

母の日カード

バースデイカード

43

鯉のぼり

飾り兜

飾り兜

- ●紙の大きさ／B5
- ●紙の折り方／**A**タイプ・横に2つ折り

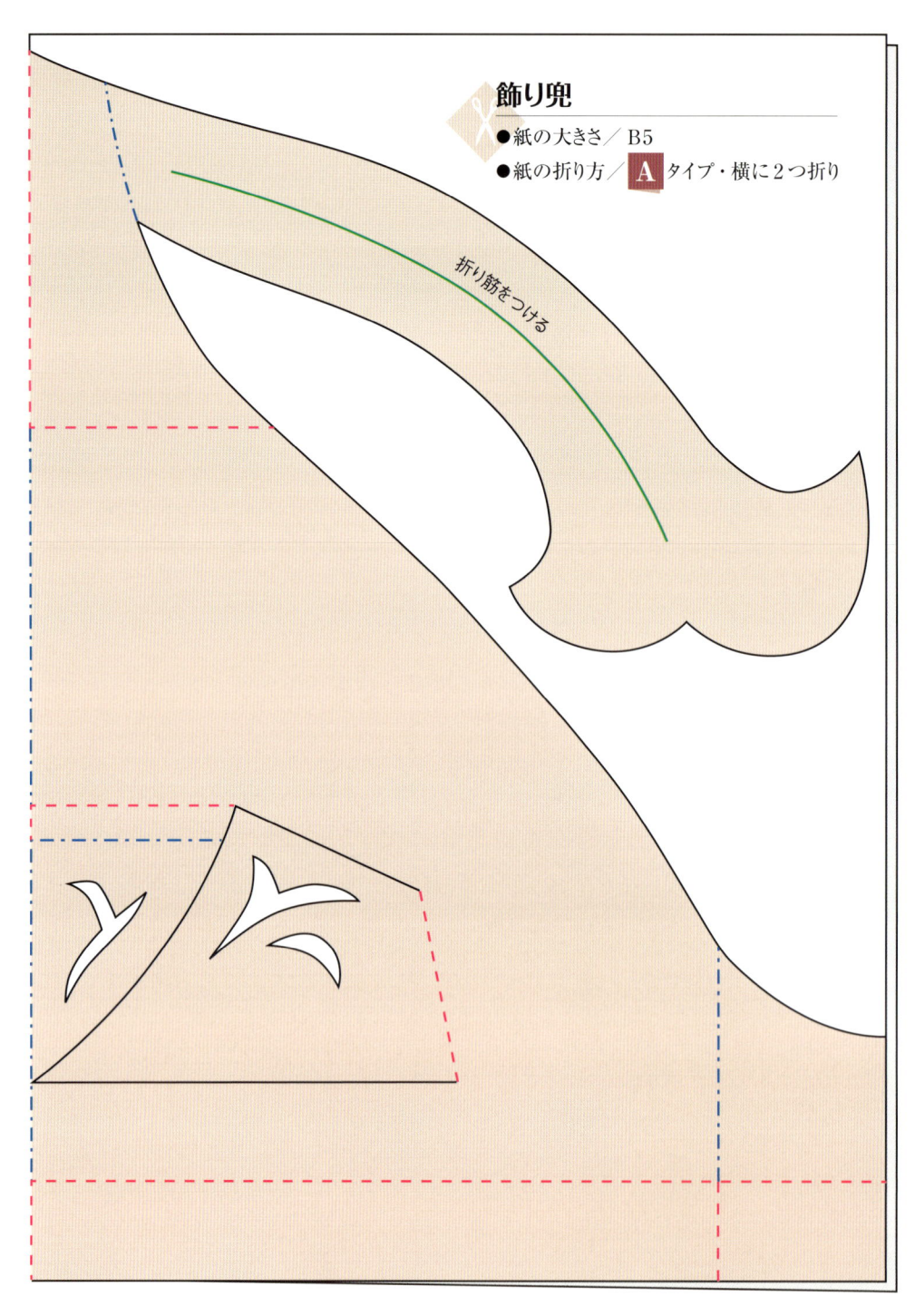

折り筋をつける

飾り兜

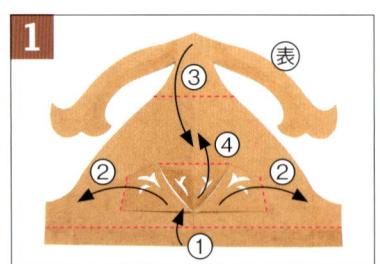

1 下書きの線をすべてきれいに消したあと、表を上にしました。番号の順で、すべてを谷折りします。

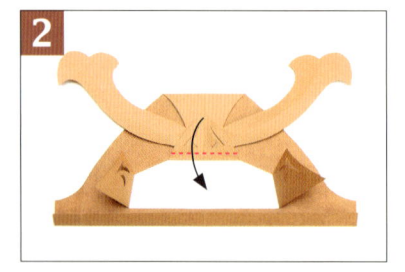

2 まん中にあるとがった部分を折り下げます。折る位置に注意してください。

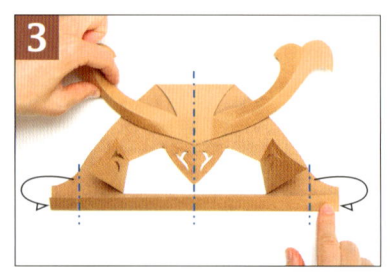

3 まん中と左右をそれぞれ山折りします。左右の折り返しは、色紙などに貼る際ののりしろとして使ってください。

鯉のぼり

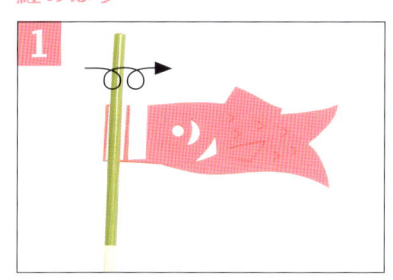

1
図のように、鯉のぼりの口の部分に両面テープを幅を持たせて貼り、その上で菜箸を転がして、紙を巻きつけましょう。

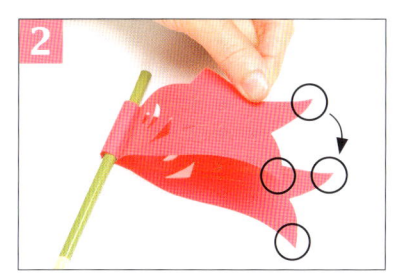

2
しっぽの先を接着剤でくっつけます。

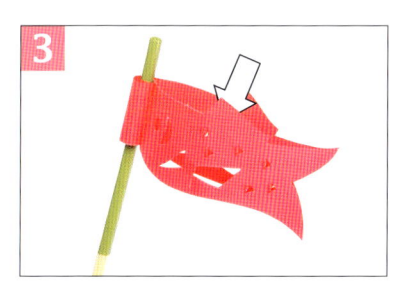

3
胴体を開いて、風になびいている様子を表現します。ひれとうろこを折り起こして仕上げましょう。

鯉のぼり

- 紙の大きさ／縦 60 × 横 257mm
- 紙の折り方／**A** タイプ・横に2つ折り

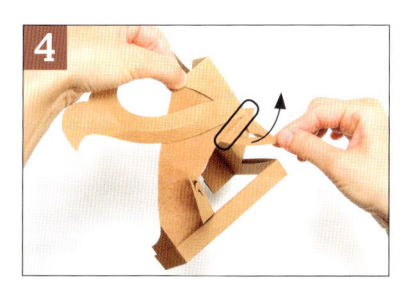

4
2で折り下げた、とがった部分を少し前に引っぱり出します。位置が決まったら、⬭の部分を指でつまんで押さえて、固定します。

5
吹き返しと呼ばれる左右に開いた部分をペンなどで丸めてクセをつけます。ツノの中央にある折り筋を使って表情をつけたら、左右の角の根元を谷折りして、ツノを前に折り出しましょう。

47

6月

紫陽花カード

父の日カード

ウェディングカード

49

紫陽花カード

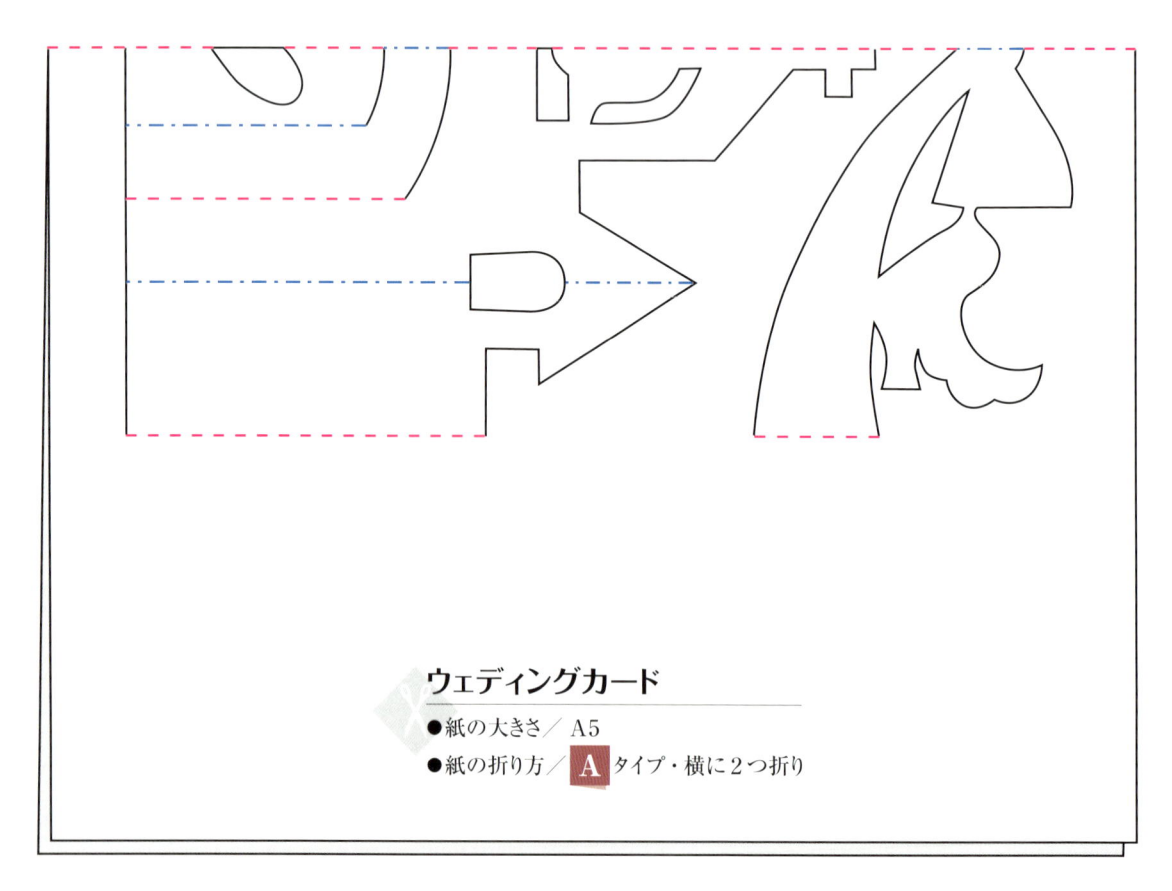

- 紙の大きさ／A5
- 紙の折り方／**A** タイプ・横に2つ折り

ウェディングカード

- 紙の大きさ／A5
- 紙の折り方／**A** タイプ・横に2つ折り

父の日カード

- ●紙の大きさ／180×180mm
- ●紙の折り方／**C** タイプ・正方形を2つ折り

父の日カード

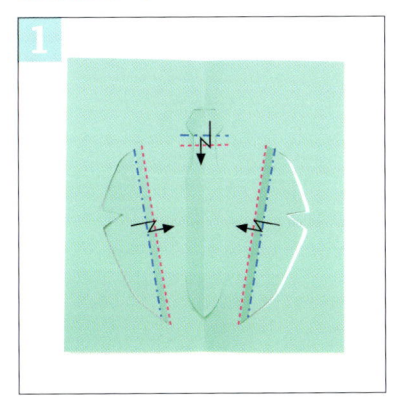

1

ネクタイの結び目、スーツの左右の襟の部分は、山折り、谷折りを連続して行う「段折り」をして、立体的な表情をつけます。

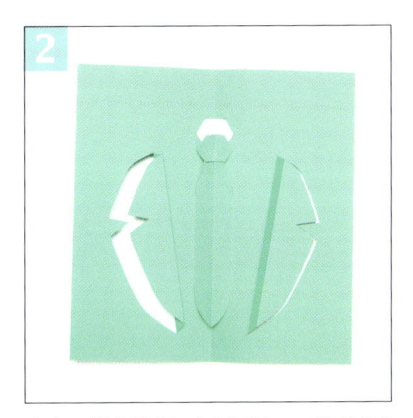

2

左右の襟を見くらべてください。段折りをした左側が立体的に見えるようになりました。

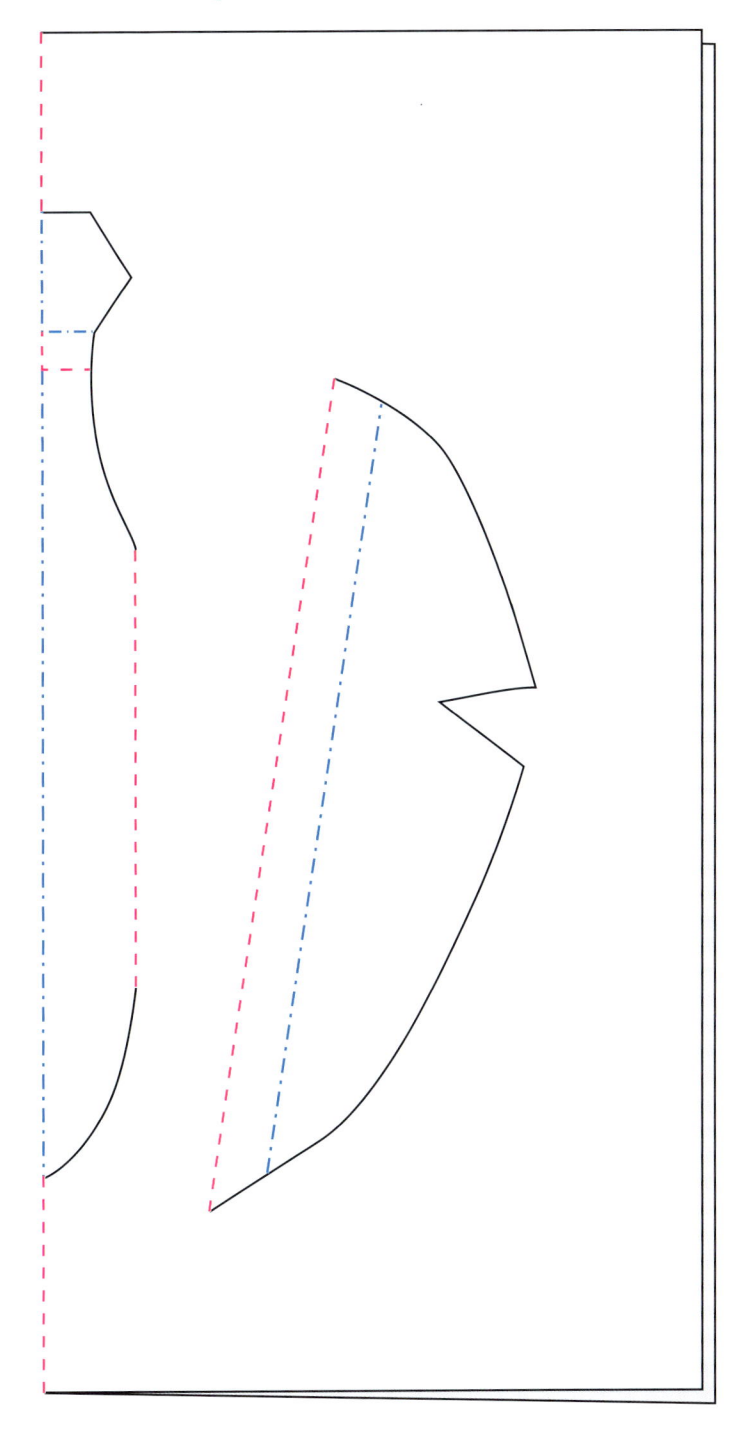

ピロー型ボックス 1

- ●紙の大きさ／B4
- ●紙の折り方／**D** タイプ・長方形を4つ折り

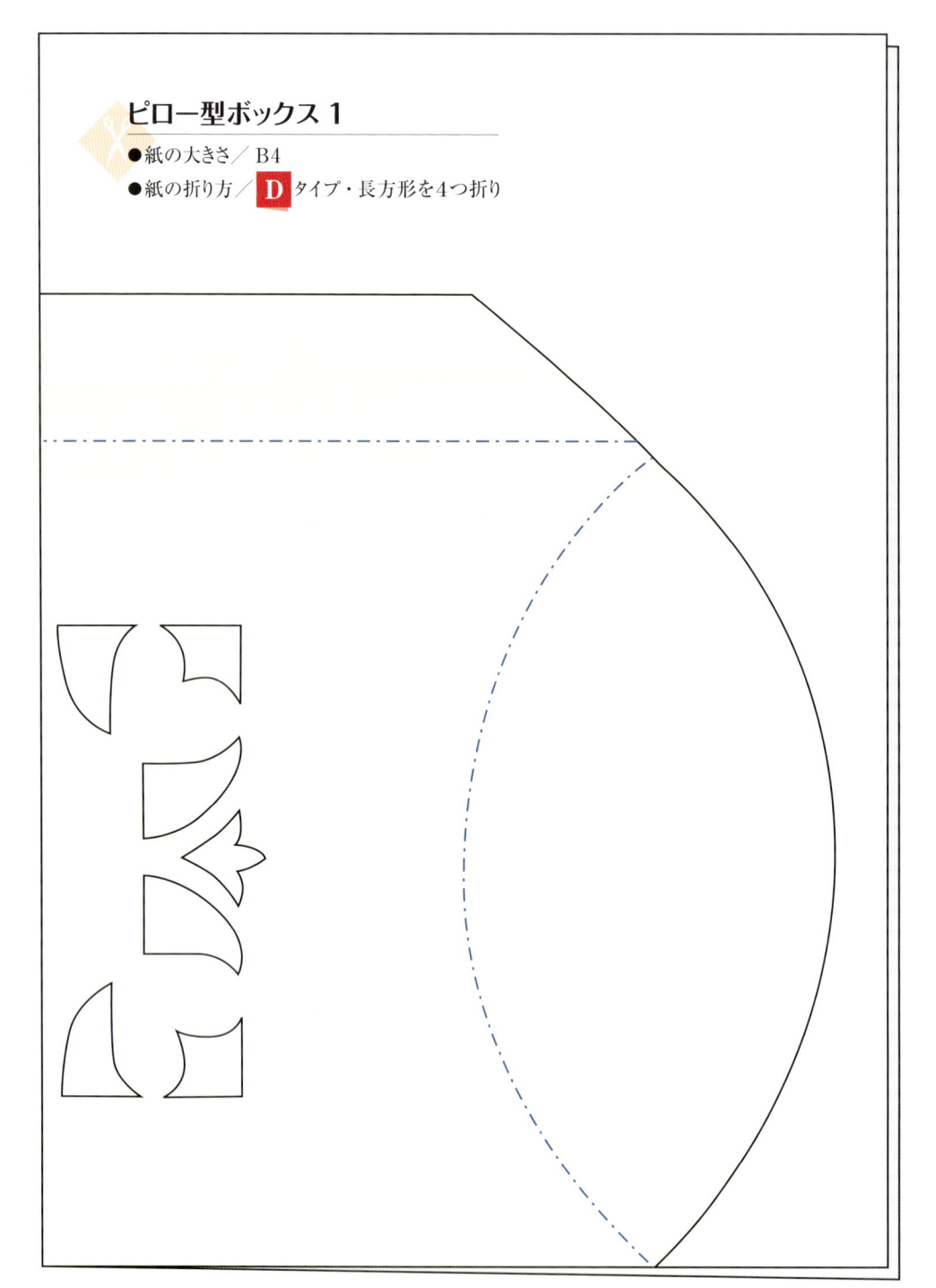

ピロー型ボックス

1 表を上にしています。右側ののりしろは不要なので、切り落とします。左側には天地の長さいっぱいに両面テープを貼ります。

2 のりしろを内側に入れ込んで、筒状に貼り合わせましょう。

3 上下で湾曲した折り線を使って、ふたを折り返します。

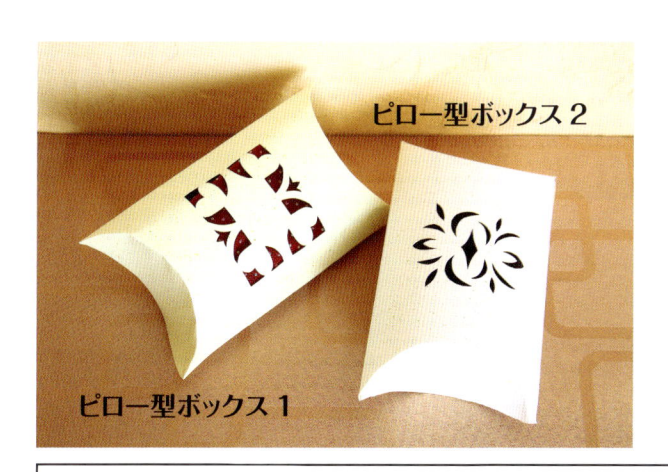

ピロー型ボックス2

- ●紙の大きさ／B4
- ●紙の折り方／**D** タイプ・長方形を4つ折り

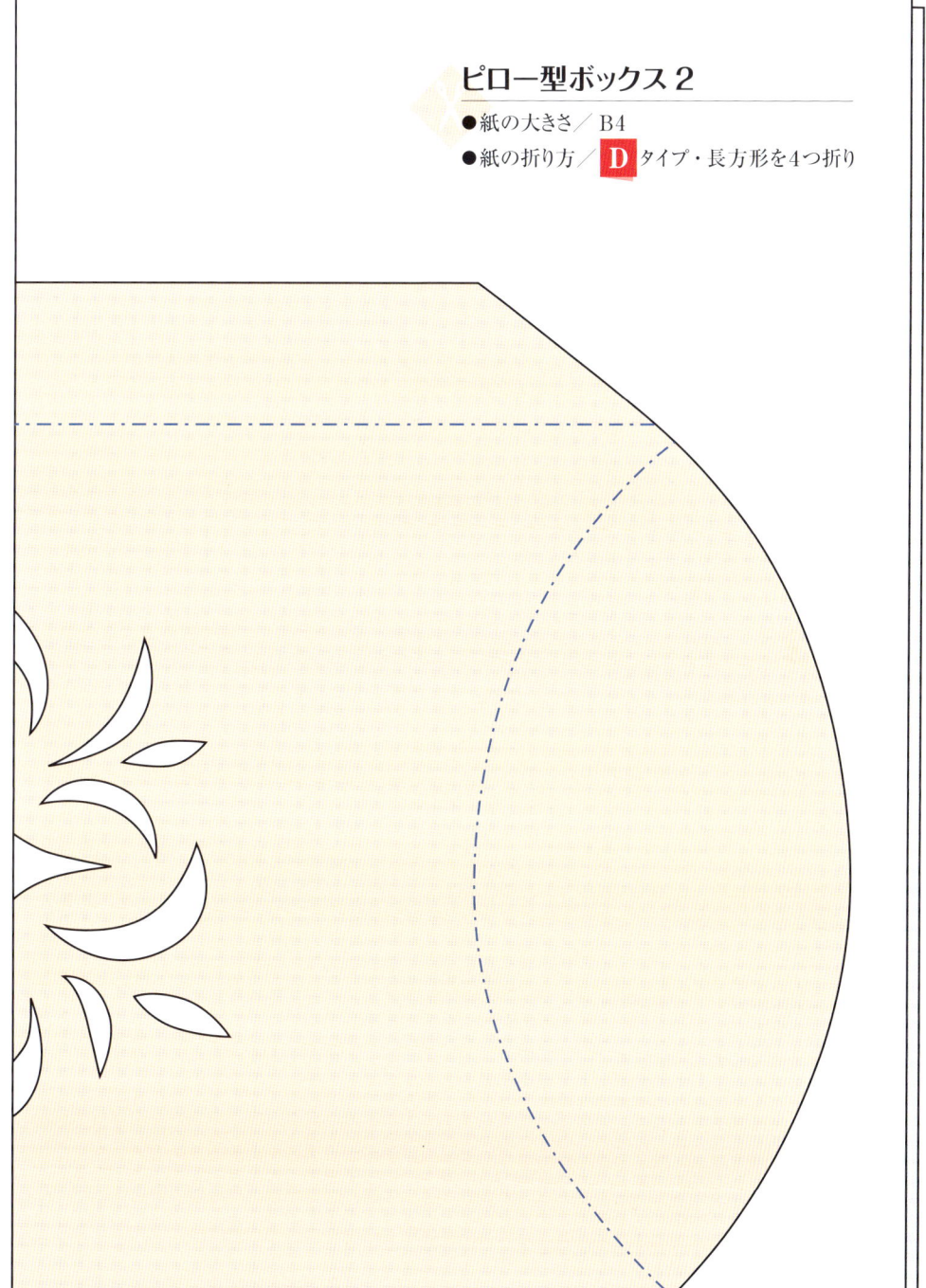

7月

金魚カード

54

スイカカード

金魚カード

- ●紙の大きさ／（金魚）B6　（台紙）180×180mm
- ●紙の折り方／（金魚）**B** タイプ・縦に2つ折り　（台紙）**C** タイプ・正方形を2つ折り

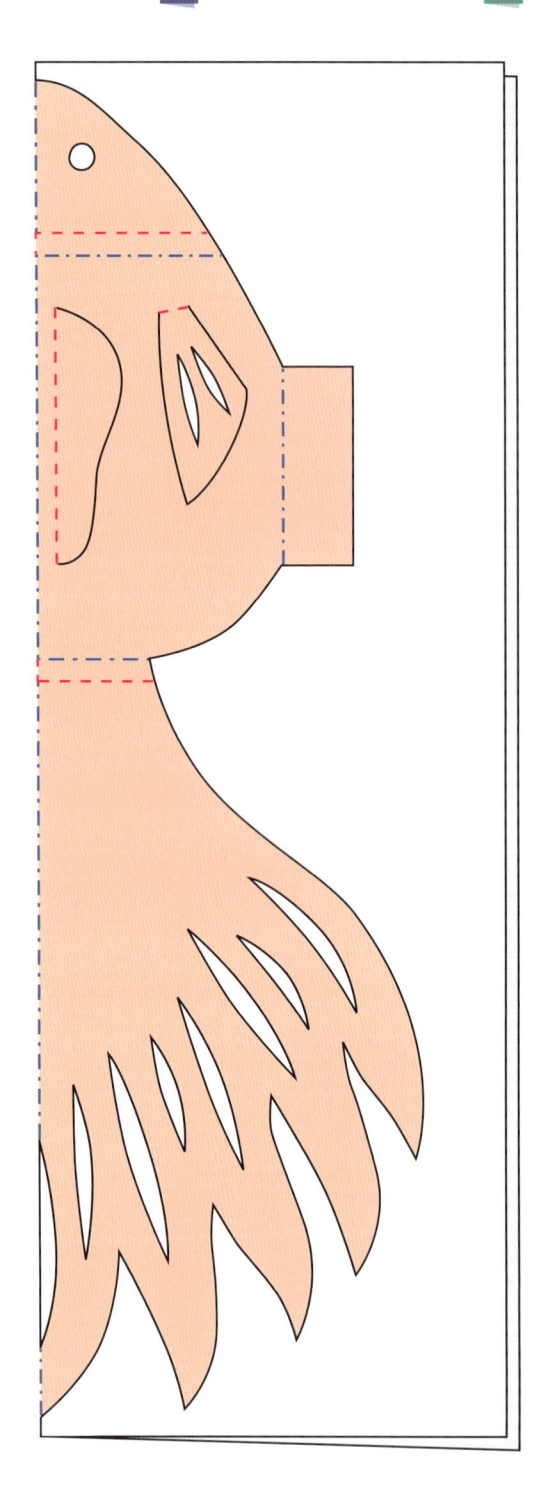

金魚カード

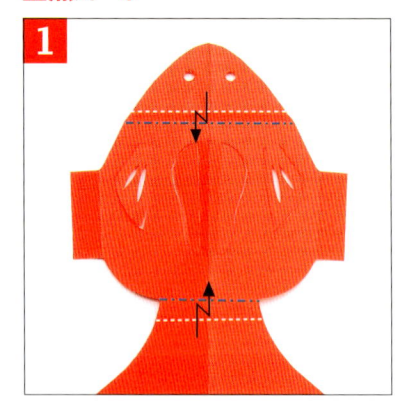

1 首と尾びれを、それぞれ段折りをします。山折り、谷折りの位置に注意しましょう。

2 写真のようになったら、山折りで全体を半分に折ります。

3 胸びれを起こします。背びれは折り上げて、それぞれの裏を合わせて接着してください。

✂ スイカカード

- ●紙の大きさ／180×180mm
- ●紙の折り方／ **E** タイプ・正方形を4つ折り

4 尾びれの部分を上に引き上げます。位置が決まったら、○の部分を指でつまんで押さえて、固定します。

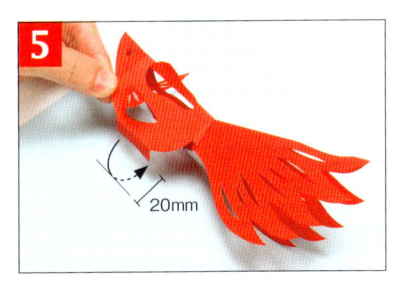

5 180×180mmの台紙を2つ折りにして、折り目から20mmのところに切り込みを入れます。それを開いて、写真のように金魚ののりしろを差し込み、接着します。

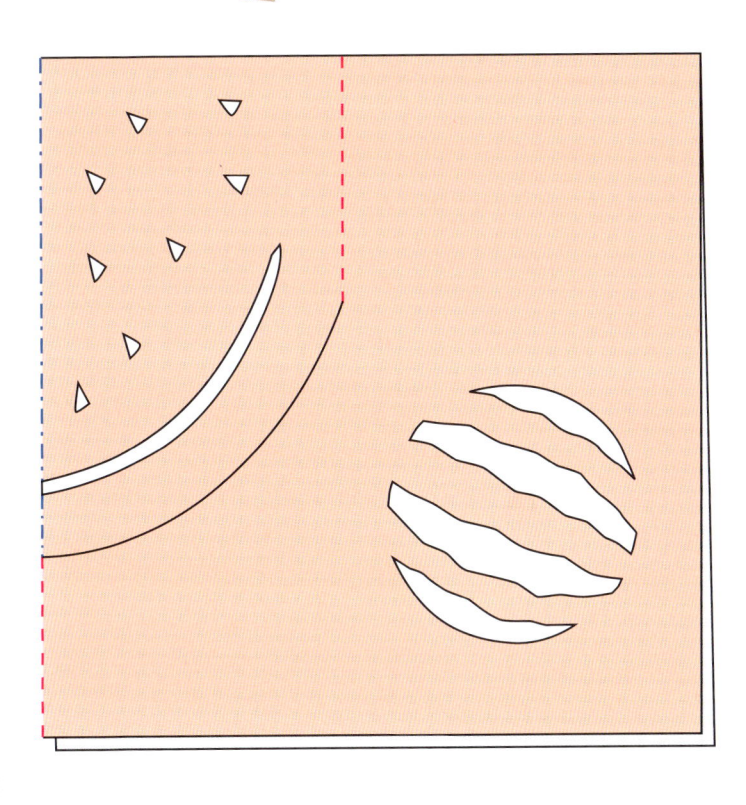

モビール・貝

- 紙の大きさ／縦80×横130mm
- 紙の折り方／**A**タイプ・横に2つ折り

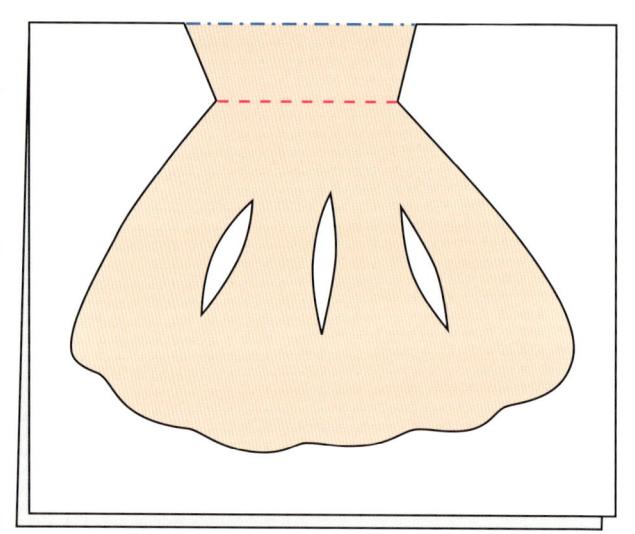

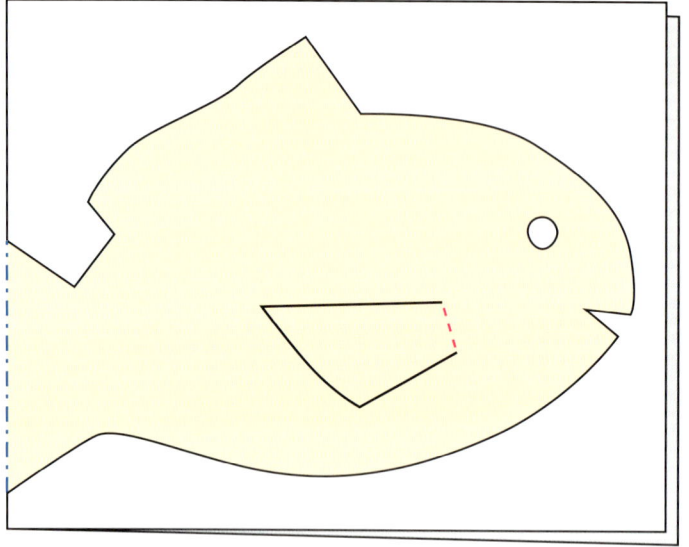

モビール・魚

- 紙の大きさ／縦70×横180mm
- 紙の折り方／**A**タイプ・横に2つ折り

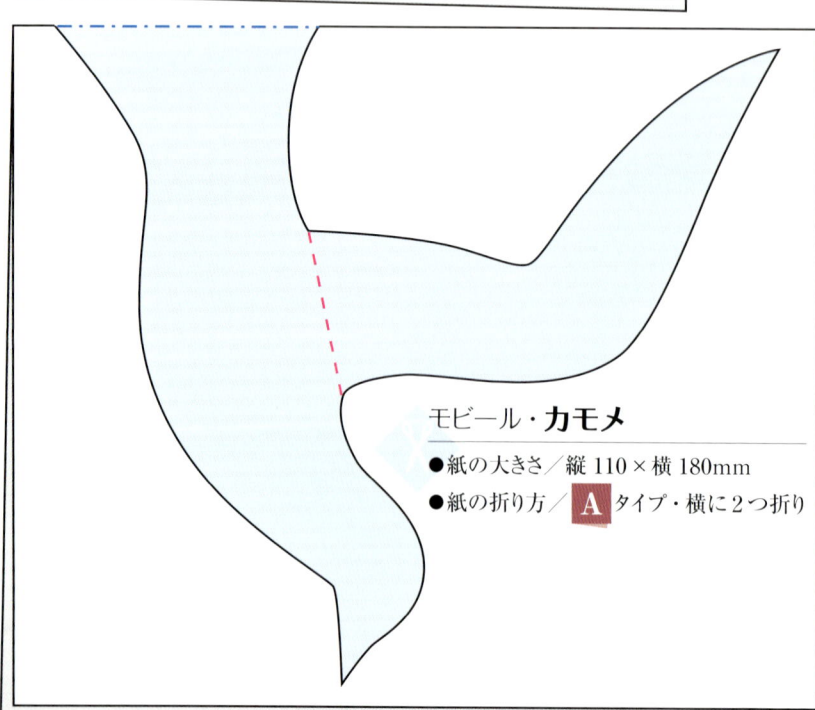

モビール・カモメ

- 紙の大きさ／縦110×横180mm
- 紙の折り方／**A**タイプ・横に2つ折り

モビール・貝

1 切り紙の裏を内側にして、まん中の線に沿って両面テープを貼り、その上にひもをくっつけます。

2 切り紙を閉じて、ひもと切り紙をしっかりくっつけます。そのあと、谷折りで貝を開きます。

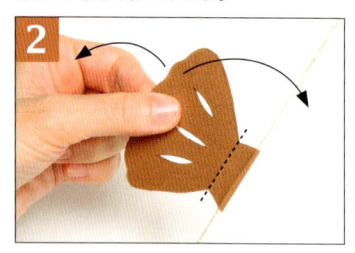

3 写真のようになったら、できあがりです。

モビール・カモメ

1 写真と同じ要領で、切り紙の内側にひもをくっつけます。そのあと切り紙を閉じて、谷折りで翼を開きます。

2 写真のようになったら、できあがりです。

モビール・魚

モビール・カモメ

モビール・貝

モビール・魚

1 貝と同じ要領で、切り紙の内側にひもをくっつけます。そのあと切り紙を閉じて、谷折りでひれを起こします。

2 写真のようになったら、できあがりです。

8月

花火カード

- 紙の大きさ／180×180mm
- 紙の折り方／ **E** タイプ・正方形を4つ折り

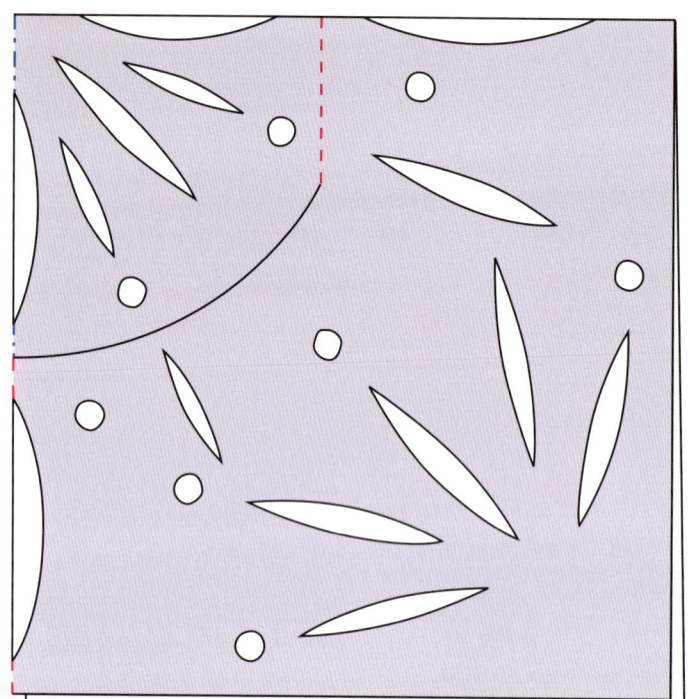

クワガタムシカード

- 紙の大きさ／
 （クワガタムシ）B6
 （台紙）180×180mm
- 紙の折り方／
 （クワガタムシ） **B** タイプ・縦に2つ折り
 （台紙） **C** タイプ・正方形を2つ折り

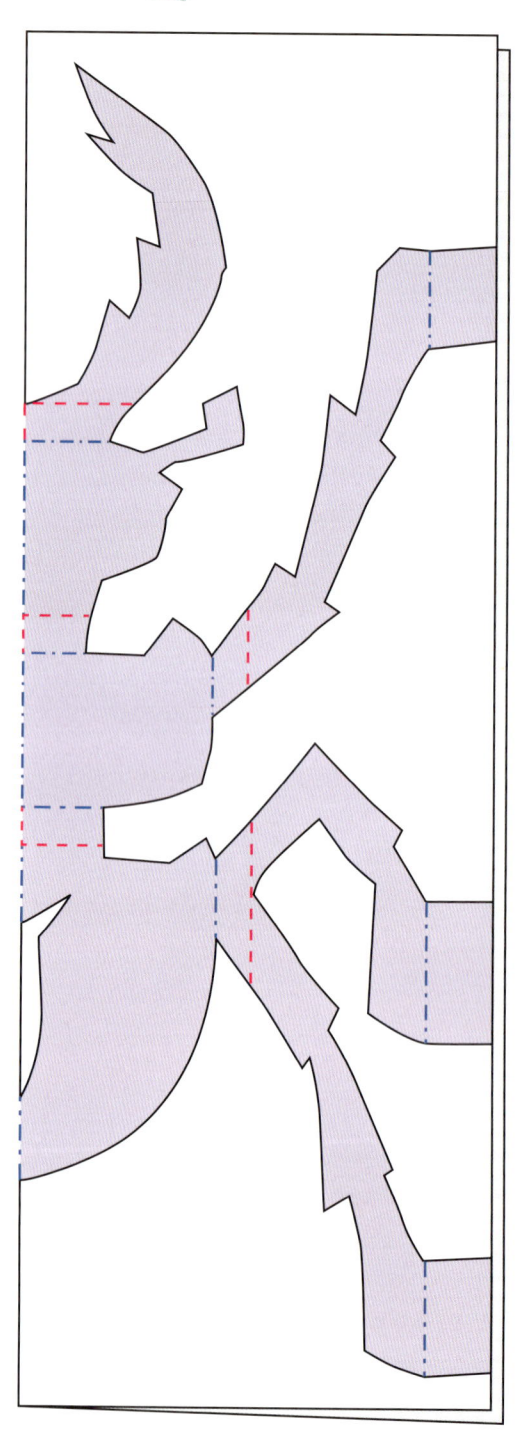

クワガタムシカード

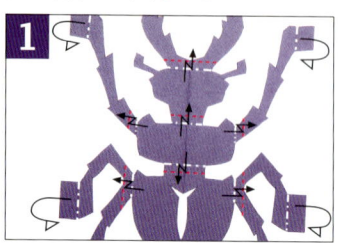

1 ハサミ、頭、胸、腹、脚のつけ根で合計7ヵ所の段折りをします。細かい作業ですが、あらかじめ竹串などで折り筋をつけてから折ると簡単です。脚先ののりしろも折り返しましょう。

2 1を折ったあとの様子です。写真のようになったら、山折りで全体を半分に折ります。

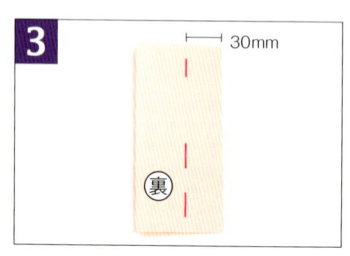

3 180×180mmの台紙を2つ折りにして、折り目から30mmのところに脚の位置に合うように、3ヵ所切り込みを入れます。

4 3を開いて、表からクワガタムシののりしろを差し込み、接着します。

花火カード

カブトムシカード

クワガタムシカード

トンボカード

カブトムシカード

- ●紙の大きさ／（カブトムシ）B6　（台紙）180×180mm
- ●紙の折り方／（カブトムシ）**B** タイプ・縦に2つ折り
  （台紙）**C** タイプ・正方形を2つ折り

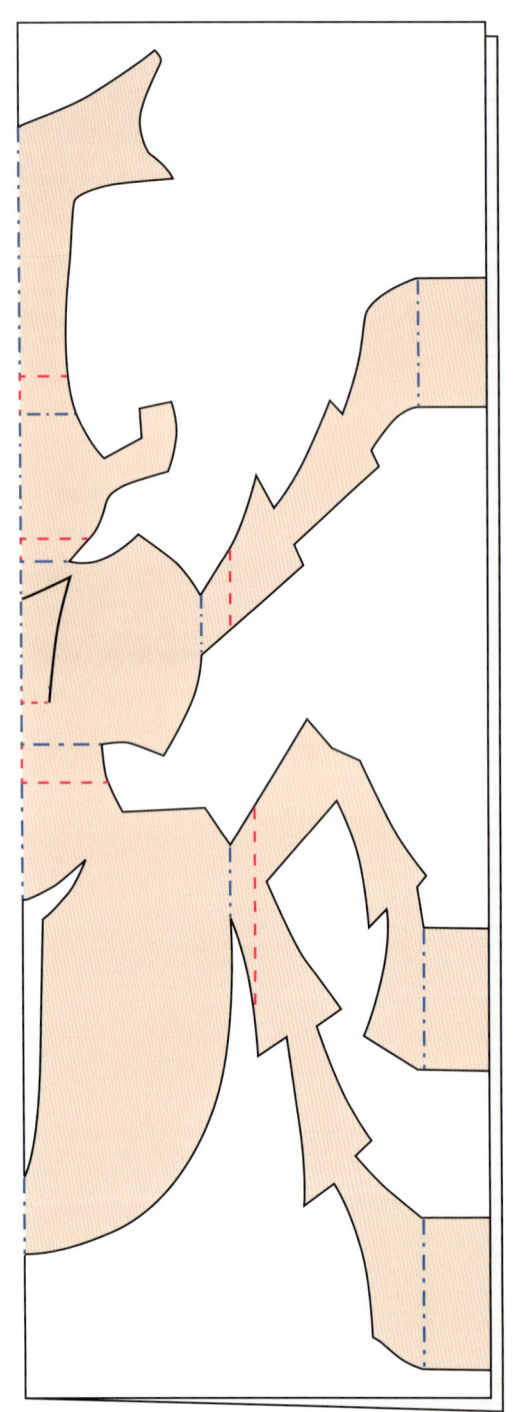

カブトムシカード

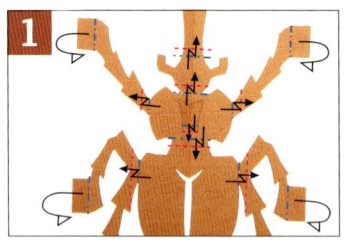

1 前のツノ、背のツノ、頭、胸、腹、脚のつけ根で合計8ヵ所の段折りをします。細かい作業ですが、あらかじめ竹串などで折り筋をつけてから折ると簡単です。脚先ののりしろも折り返しましょう。

2 **1**を折ったあとの様子です。写真のようになったら、山折りで全体を半分に折ります。

3 前のツノ、背のツノを上に引き上げます。位置が決まったら、○の部分を指でつまんで押さえて、固定します。

4 写真のようになったら、できあがりです。

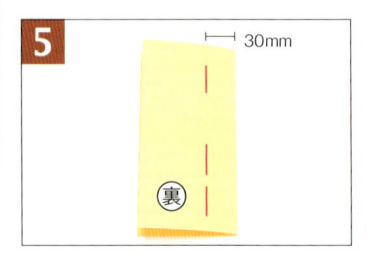

5 180×180mmの台紙を2つ折りにして、折り目から30mmのところに脚の位置に合うように、3ヵ所切り込みを入れます。

6 **5**を開いて、表からカブトムシののりしろを差し込み、接着します。

トンボカード

- ●紙の大きさ／（トンボ）B6　（台紙）B5
- ●紙の折り方／（トンボ）**B**タイプ・縦に２つ折り
- （台紙）**A**タイプ・横に２つ折り

トンボカード

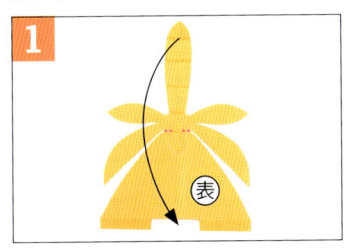

1

トンボの部品を組み立てます。表を上にしています。トンボの裏の下書き線を消したあと、折り下げます。

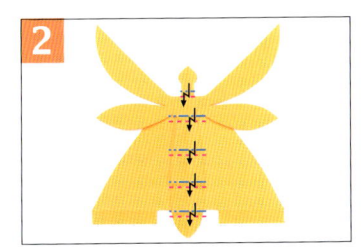

2

胸、腹で合計５ヵ所の段折りをします。細かい作業ですが、あらかじめ竹串などで折り筋をつけてから折ると簡単です。できたら、山折りで全体を半分に折ります。

3

写真のようになりましたか？

4

腹の部分を湾曲させて仕上げます。位置が決まったら、腹の部分を上から指でつまんで押さえて、固定します。

5

裏を上にして、B5の台紙を２つ折りにします。折り目から60度に傾いた線を書いて、のりしろを差し込むための切り込みを入れます。

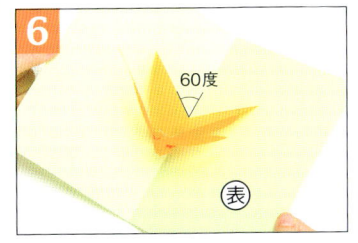

6

11頁を参考にして、カードを仕上げましょう。

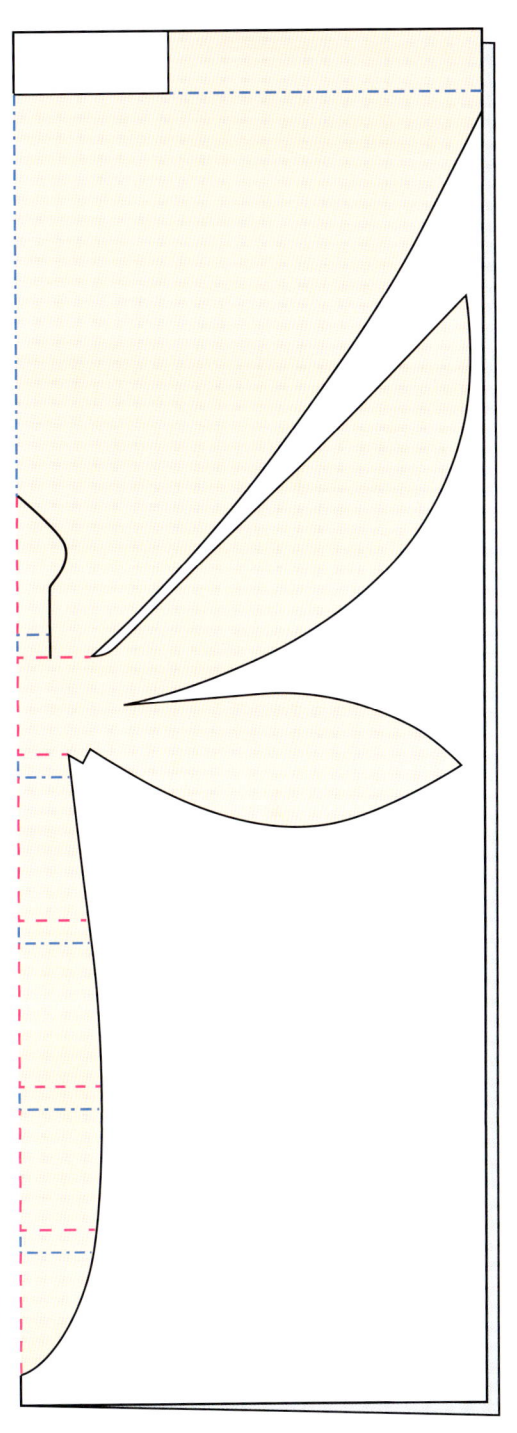

カレンダーを切り紙で作ろう！

暮らしを彩る切り紙小物 2

カレンダー1年間
- 紙の大きさ／B6
- 紙の折り方／折り図参照

ちょっと変わった紙の折りたたみ方で、準備をします。カレンダーの数字の部分は、ペンで書き込むほかに、ハンコを使ったり、卓上カレンダーなどを切り取って仕上げてもいいでしょう。

季節に合った色の紙で、気軽に作ってみましょう。カレンダーとして使う以外に、メッセージカードとして贈ることもできます。

1月 コマ・羽根

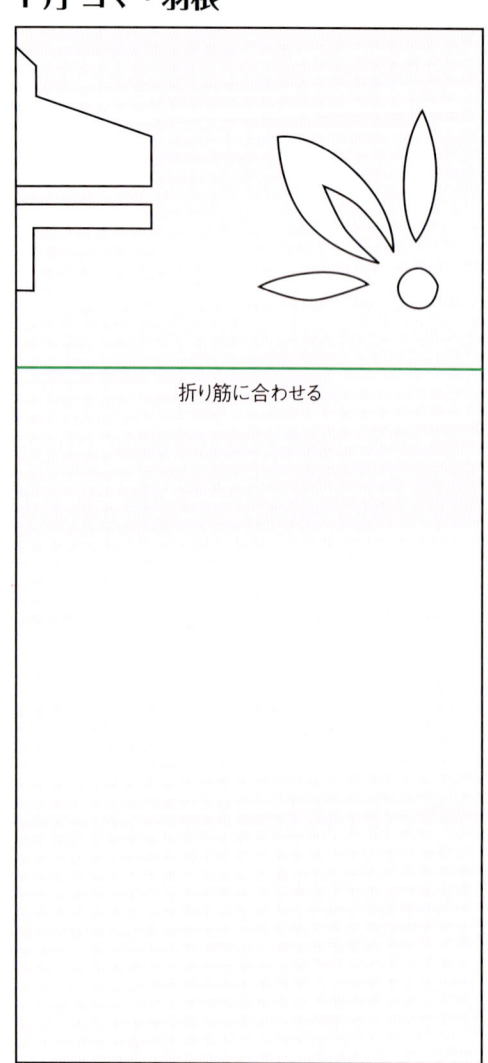

折り筋に合わせる

2月 手袋・雪

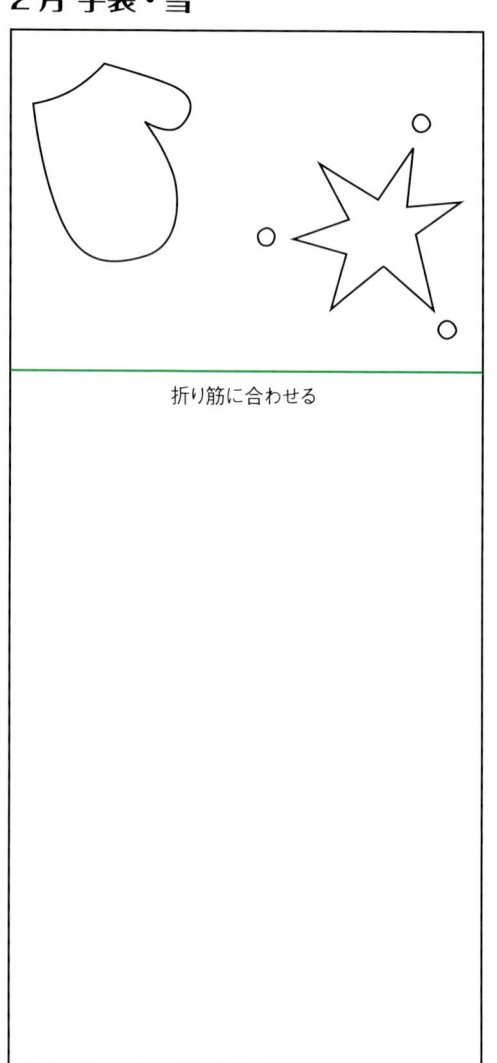

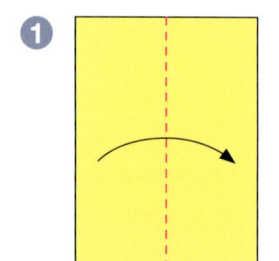

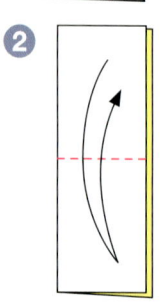

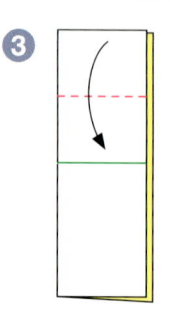

折り筋に合わせる

❶ ❷ ❸ ❹

66

2月 手袋・雪

3月 チューリップ・ちょうちょ

1月 コマ・羽根

4月 桜・ハート

6月 傘・長ぐつ

5月 帽子・葉っぱ

67

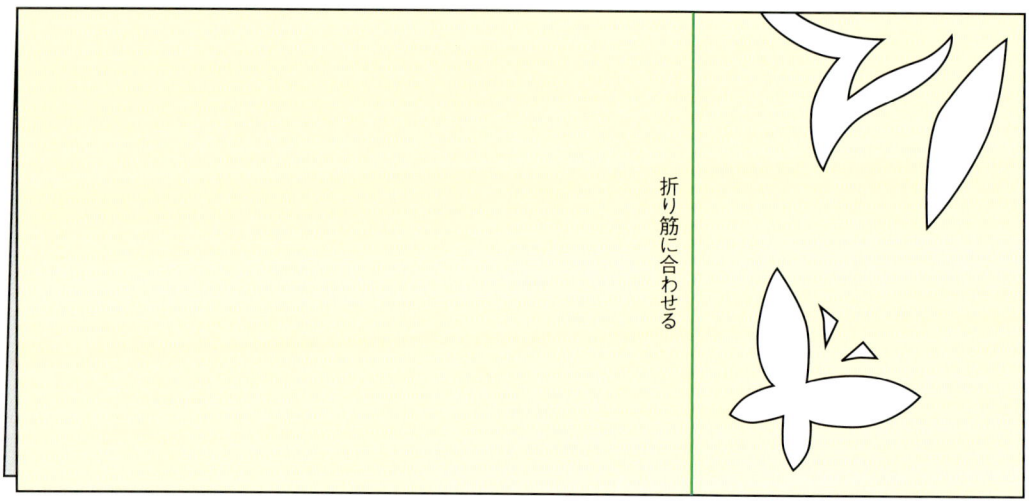

3月 チューリップ・ちょうちょう

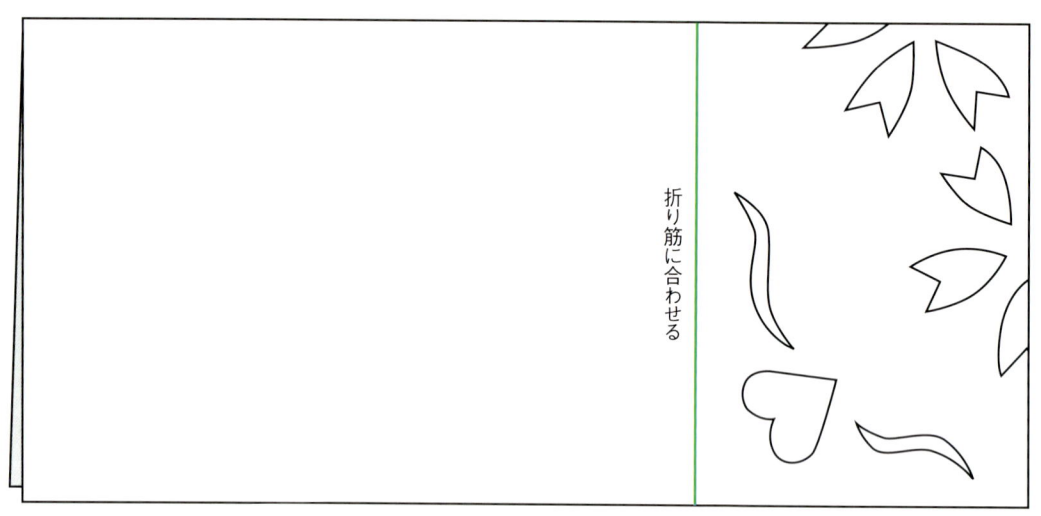

折り筋に合わせる

4月 桜・ハート

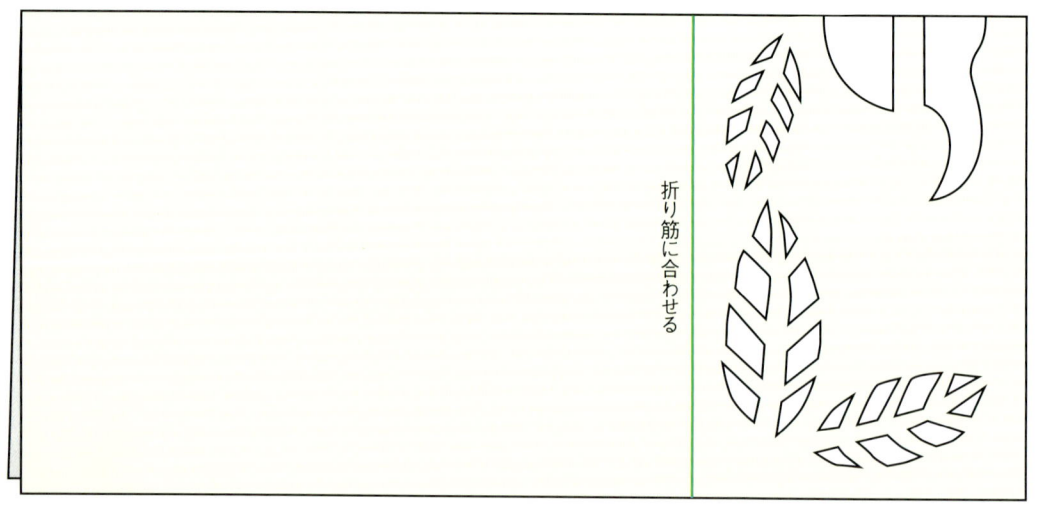

折り筋に合わせる

5月 帽子・葉っぱ

折り筋に合わせる

12月
クリスマスツリー・星

11月
カップ・本

10月
もみじ・どんぐり

8月
ひまわり・カモメ

7月
朝顔・金魚

9月トンボ・すすき

69

折り筋に合わせる

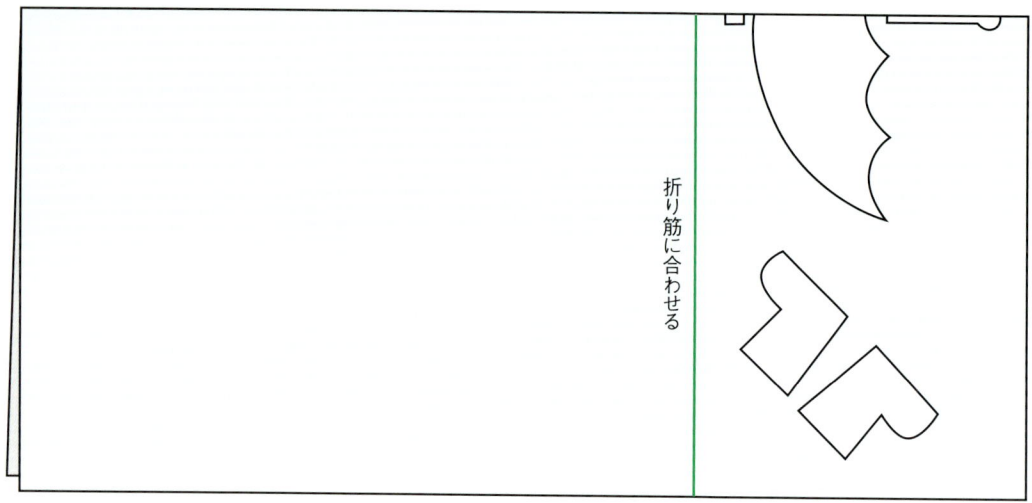

6月 傘・長ぐつ

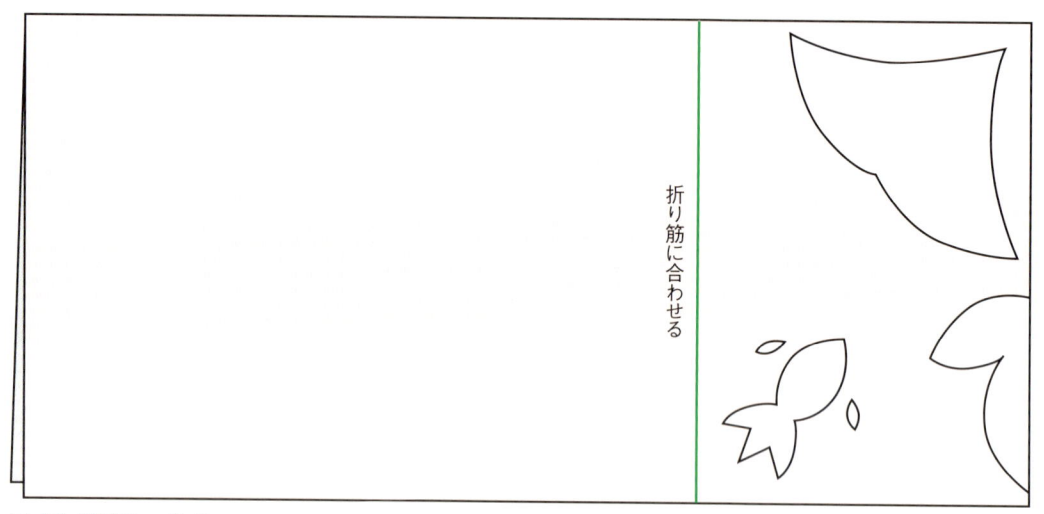

折り筋に合わせる

7月 朝顔・金魚

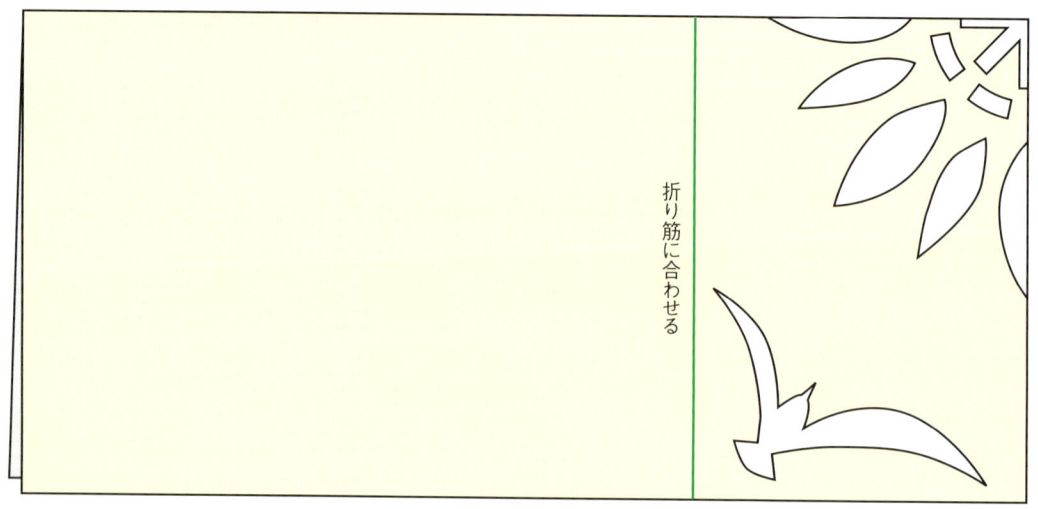

折り筋に合わせる

8月 ひまわり・カモメ

9月 トンボ・すすき

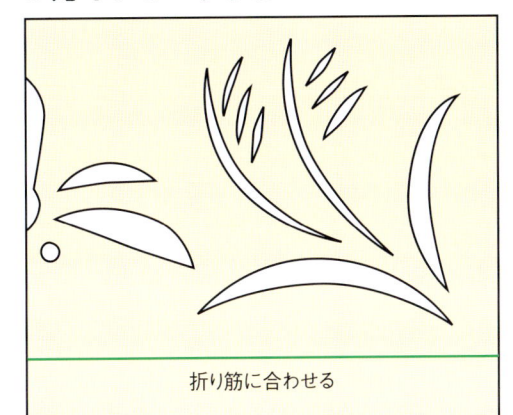

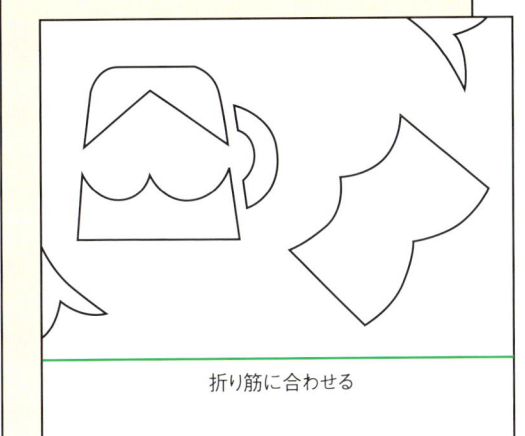

折り筋に合わせる

10月 もみじ・どんぐり

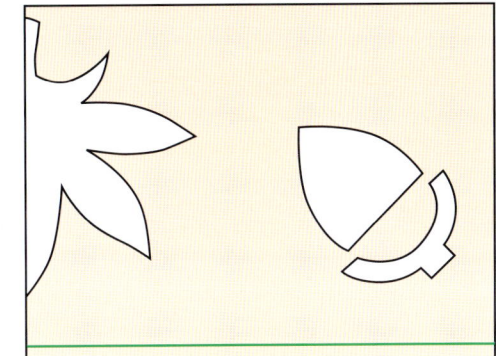

折り筋に合わせる

折り筋に合わせる

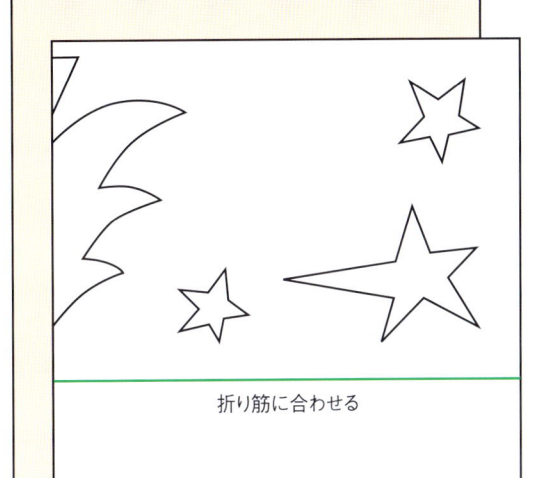

折り筋に合わせる

11月 カップ・本

12月 クリスマスツリー・星

9月

長寿亀カード

お月見カード

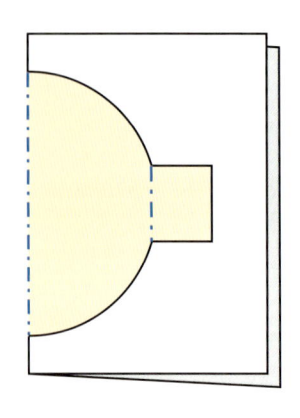

お月見カード

- 紙の大きさ／A5　(月) 縦45×横65mm
- 紙の折り方／**A**タイプ・縦に2つ折り

お月見カード

1. 切り紙と台紙を貼り合わせます。

2. 月の部品ののりしろを山折りで裏に折り返し、接着剤をつけて、台紙にくっつけます。

3. ススキの左右両端を谷折りに、月の部品のまん中を山折りにします。それ以外も、折り筋を指示通りに折って仕上げます。

長寿亀カード

- ●紙の大きさ／180×180mm
- ●紙の折り方／**C** タイプ・正方形を2つ折り

長寿亀カード

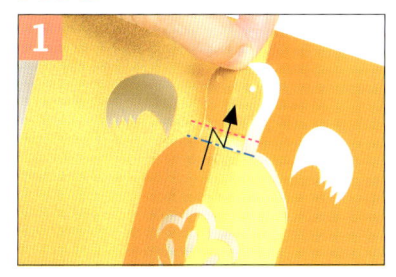

1 首の部分を段折りします。

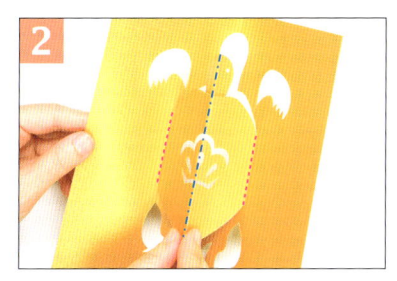

2 甲羅の左右を谷折りしたあと、まん中を山折りで飛び出させます。できたら一旦全体を半分に折って、しっかり折り筋をつけてから、開きます。

3 頭を下に引っぱります。位置が決まったら、○の部分を指でつまんで押さえて、固定します。

① 10mm ↕15mm

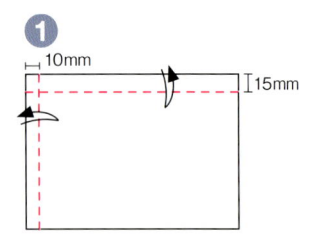

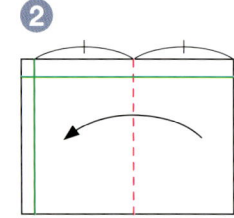

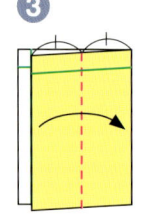

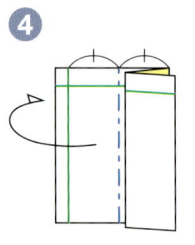

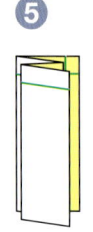

② ③ ④ ⑤

キャンドルカバー・**くま**

- 紙の大きさ／B5
- 紙の折り方／折り図を参照

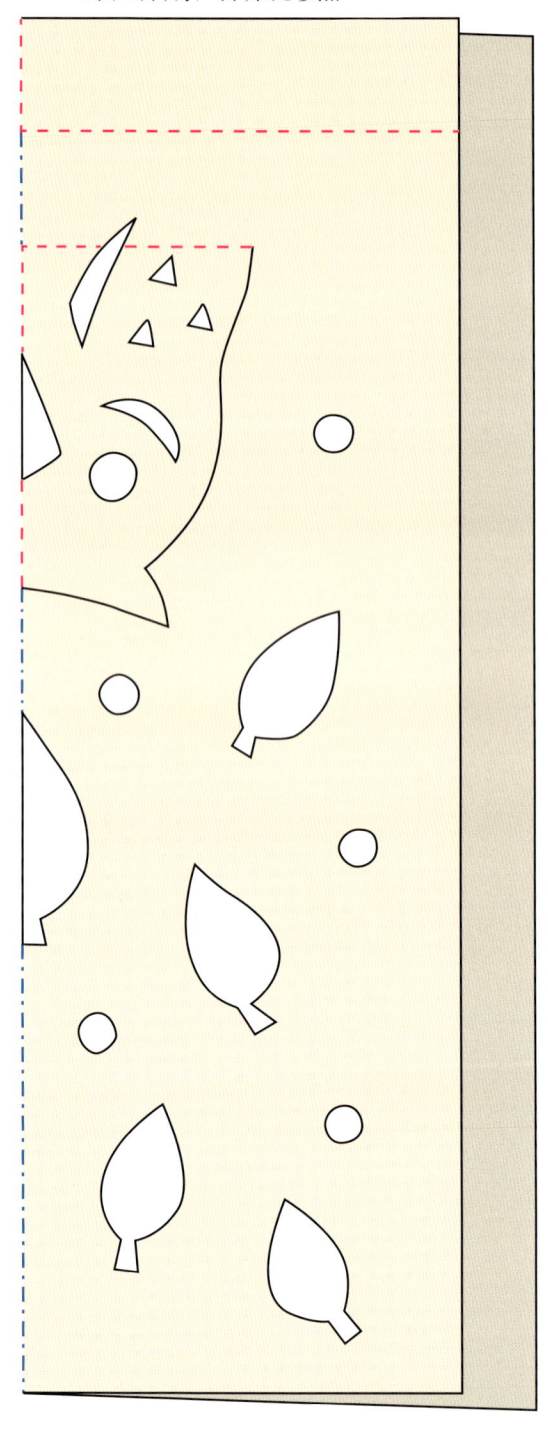

キャンドルカバー・**ふくろう**

- 紙の大きさ／B5
- 紙の折り方／折り図を参照

キャンドルカバー・くま　　　　　　　　キャンドルカバー・ふくろう

キャンドルカバー・ふくろう／くま

1 表を上にしています。裏の下書き線を消したあと、上の部分を谷折りで折り返します。

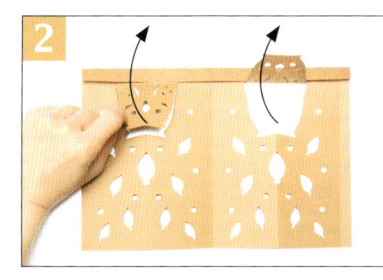

2 ふくろう（またはくま）を折り上げます。

3 全体を四角柱に組んで、裏でのりしろが内側になるように接着します。

10月

ハロウィンカード

● 紙の大きさ／ A5
（カボチャ・大）縦 50 × 横 80mm　（カボチャ・小）縦 35 × 横 45mm を 4 枚
● 紙の折り方／ **A** タイプ・横に 2 つ折り

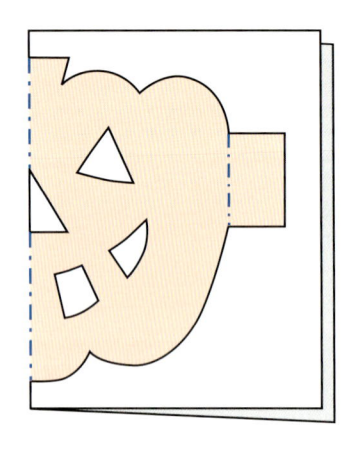

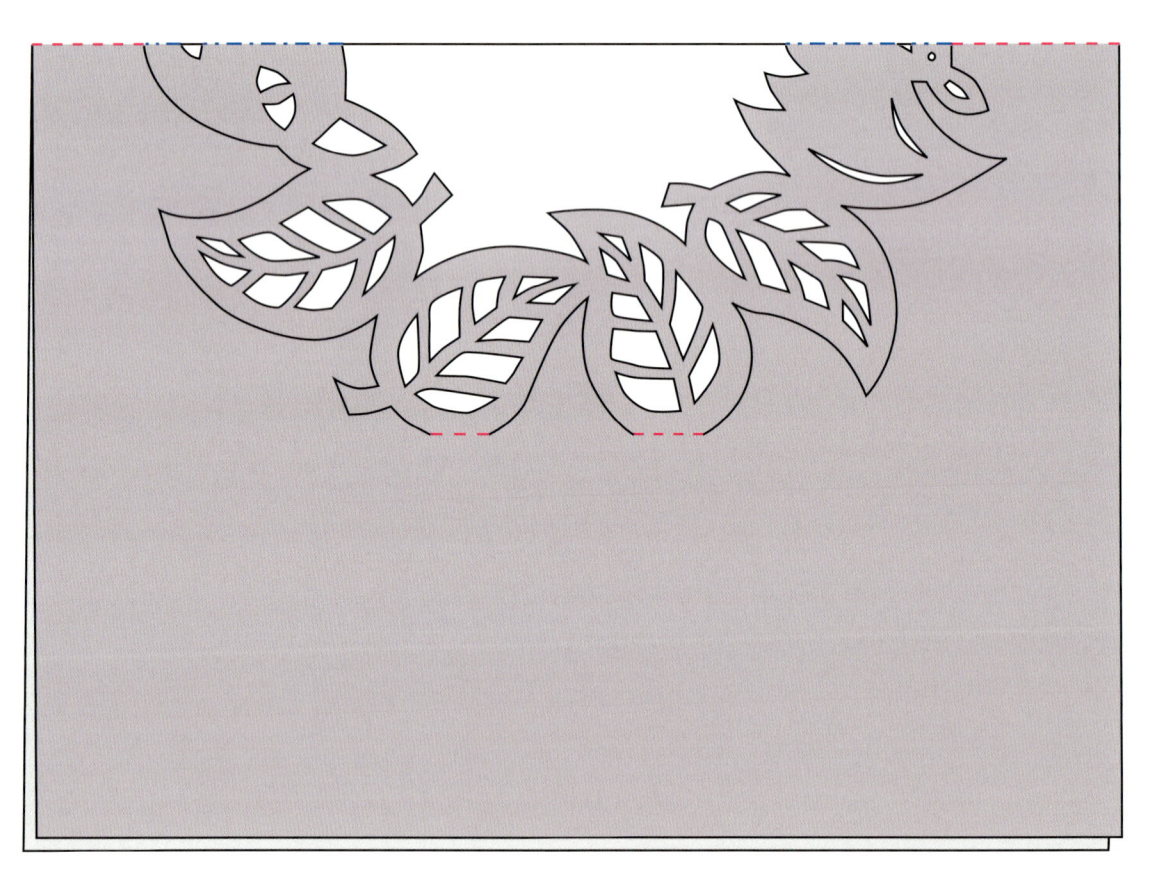

※右の完成写真の見本と 20 頁のバレンタインカードの作り方を参考にして、仕上げましょう。

ハロウィンカード

魔女の
ボトルキャップ

モビール・カボチャ

モビール・**コウモリ**

魔女のボトルキャップ

- ●紙の大きさ／B6
- ●紙の折り方／**B**タイプ・縦に2つ折り

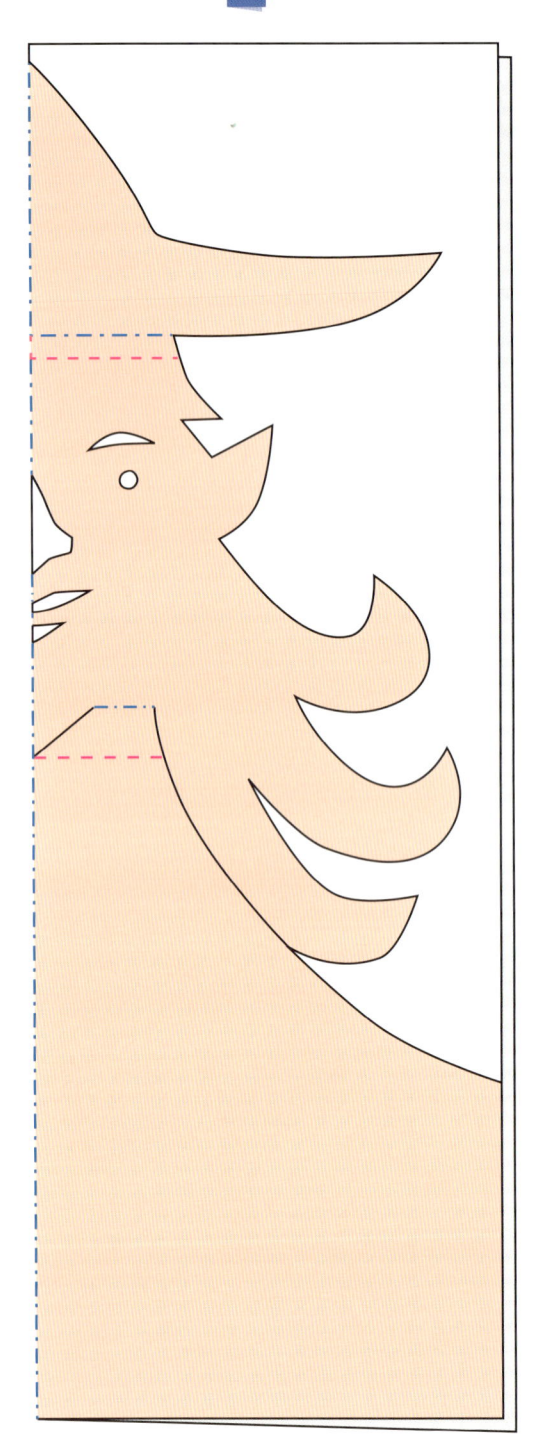

魔女のボトルキャップ

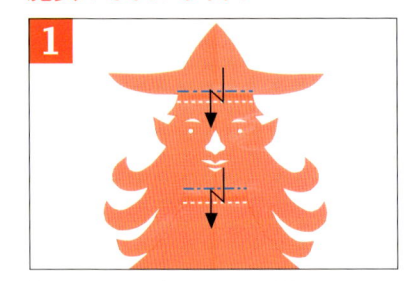

1

帽子の下とあごの下で、段折りをします。

2

山折りで全体を半分に折ります。

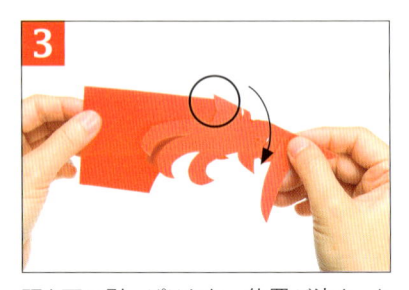

3

頭を下に引っぱります。位置が決まったら、○の部分を指でつまんで押さえて、固定します。

4

紙を丸めて、裏でつなぎ合わせましょう。

モビール・カボチャ

- ●紙の大きさ／B6
- ●紙の折り方／**D** タイプ・長方形を4つ折り

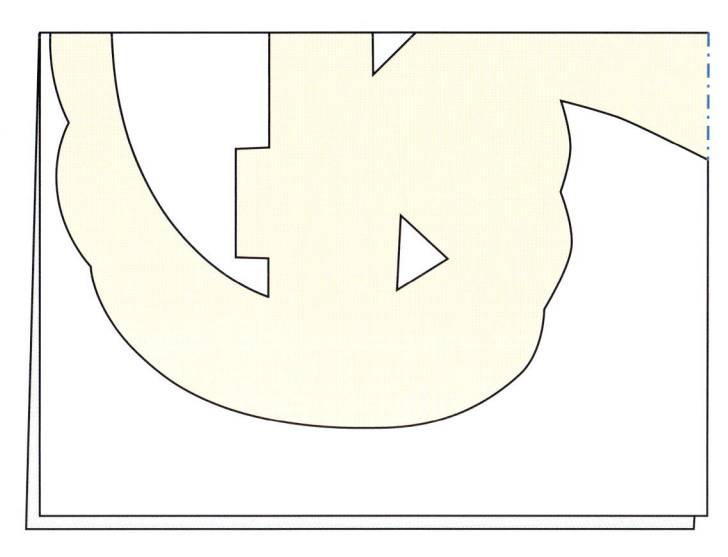

モビール・カボチャ

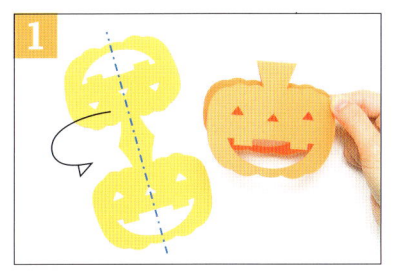

1 1つは縦に半分に折り、もう1つはカボチャのヘタのところで半分に折ります。

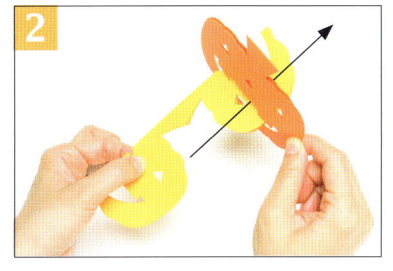

2 縦に長く折った方を、もう1つの口の窓に差し込みます。

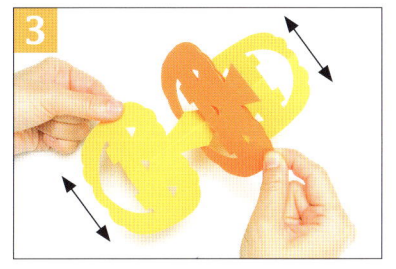

3 ヘタまで差し込んだら、左右に開きましょう。

4 差し込んだカボチャを、ヘタのところで半分に折ります。

モビール・コウモリ

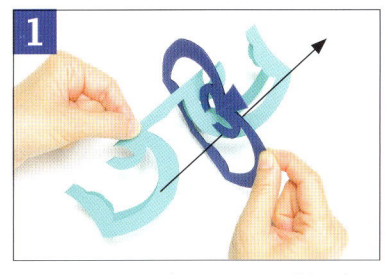

1 カボチャと同じ要領で、1つは縦に半分に折り、もう1つは上の突起のところで半分に折ります。そして、縦に長く折った方を、もう1つのコウモリの窓に差し込みます。

2 突起まで差し込んだら左右に開き、そこで半分に折ります。

モビール・コウモリ

- ●紙の大きさ／B6
- ●紙の折り方／**D** タイプ・長方形を4つ折り

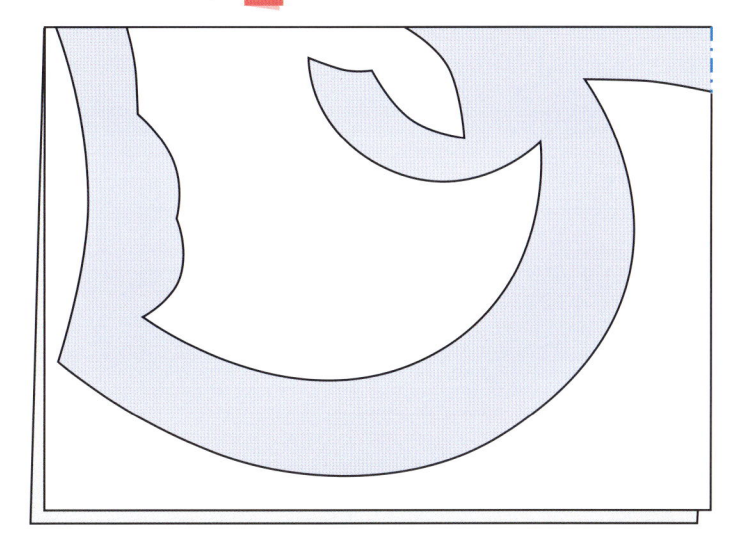

11月

羽ばたく白鳥カード

ハートの白鳥カード

羽ばたく白鳥カード

- ●紙の大きさ／180×180mm
- ●紙の折り方／**C**タイプ・正方形を2つ折り

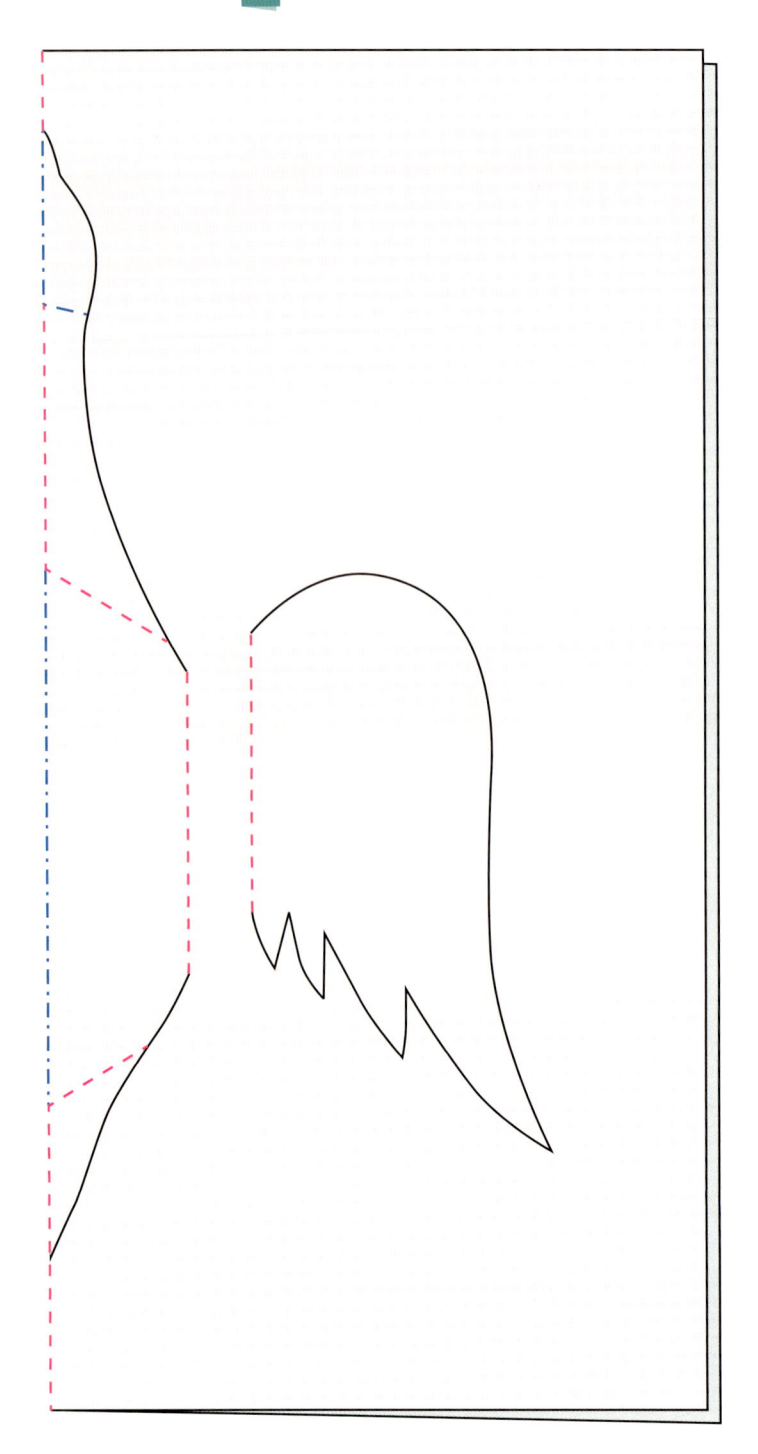

羽ばたく白鳥カード

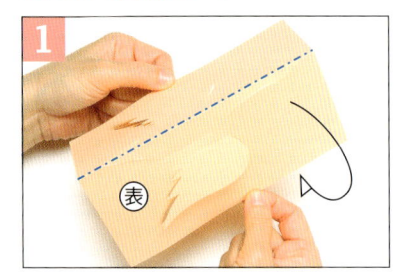

1 表を上にして、山折りで全体を半分に折ります。

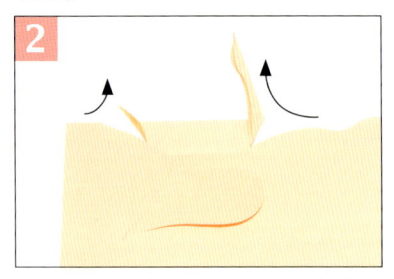

2 全体を半分に折ったまま、尾と首を折り上げます。

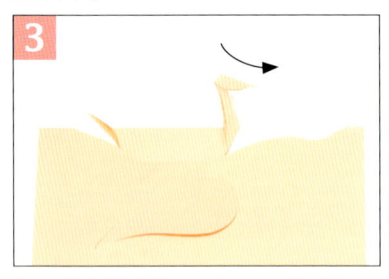

3 さらに頭を折り返して、しっかり折り筋をつけたら、全体を開きます。

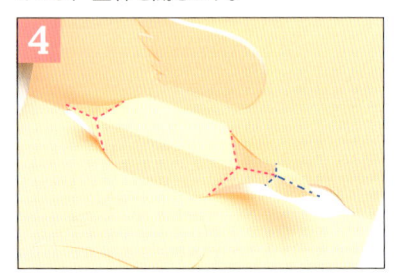

4 尾、首、頭の順で、それぞれかぶせるように折って立体的に組み立てます。

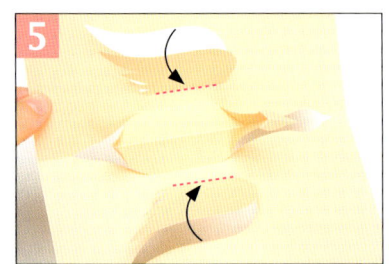

5 左右の翼を折り上げましょう。

ハートの白鳥カード

- ●紙の大きさ／（白鳥）B6　（台紙）B5
- ●紙の折り方／**A** タイプ・横に2つ折り

ハートの白鳥カード

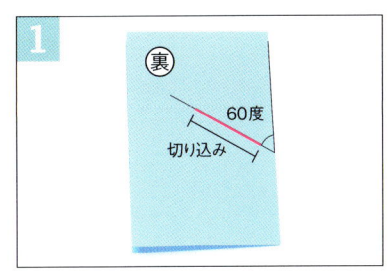

1 裏を上にして、B5の台紙を2つ折りにします。折り目から60度に傾いた線を書いて、のりしろを差し込むための切り込みを入れます。

2 表を上にして開きます。1で入れた切り込みにのりしろを差し込んで、裏で接着しましょう。

3 まん中の折り筋に対して60度の角度で、白鳥が取り付けられたら完成です。全体を半分に閉じると、白鳥が自然と折りたたまれます。

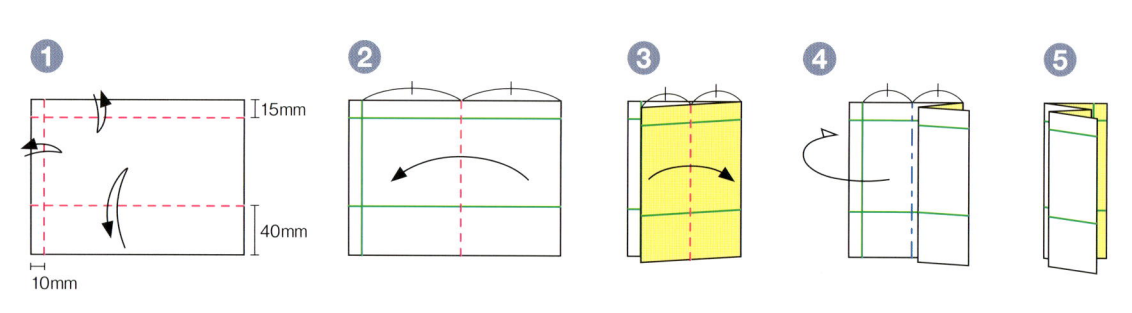

ペン立て・天使の羽

- ●紙の大きさ／B5
- ●紙の折り方／折り図を参照

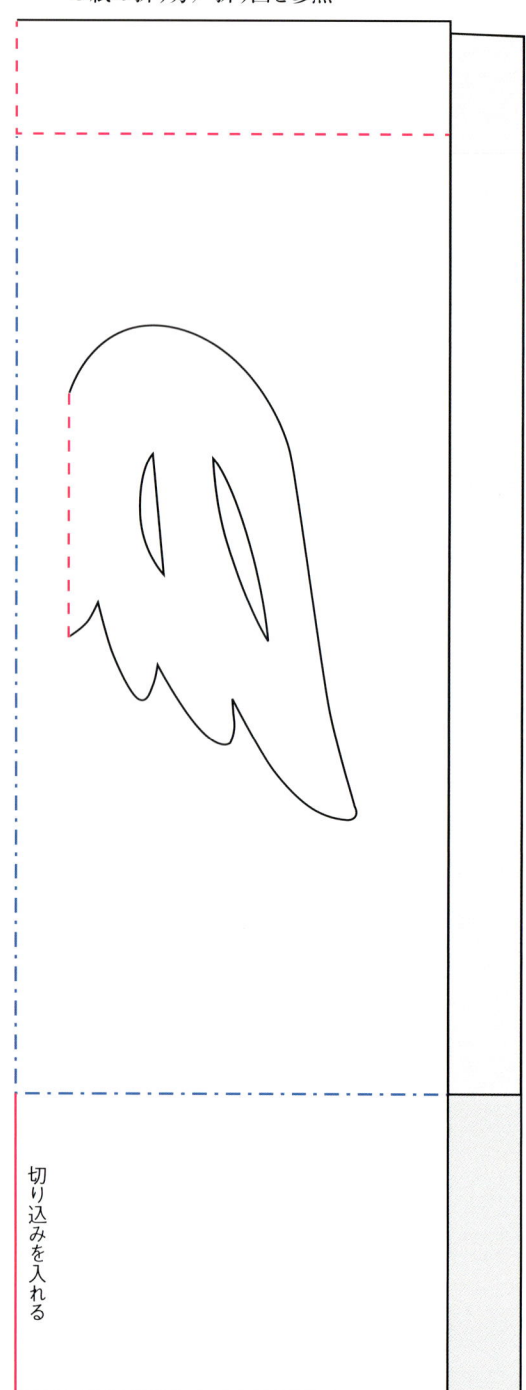

ペン立て・王冠

- ●紙の大きさ／B5
- ●紙の折り方／折り図を参照

切り込みを入れる

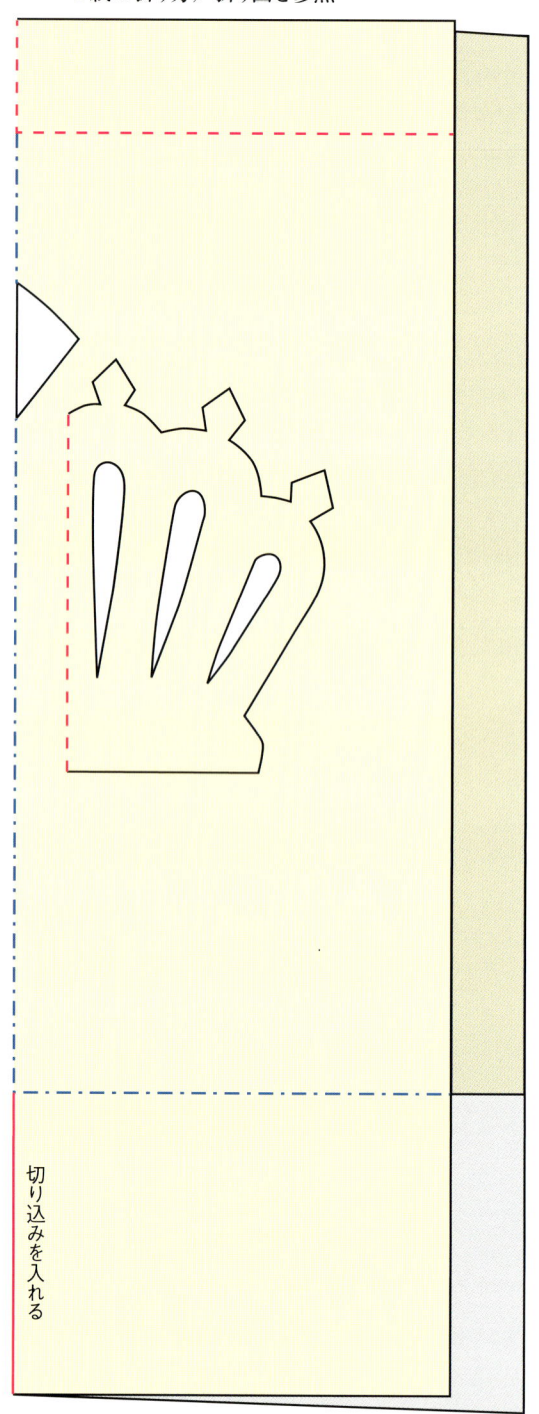

ペン立て・王冠／天使の羽

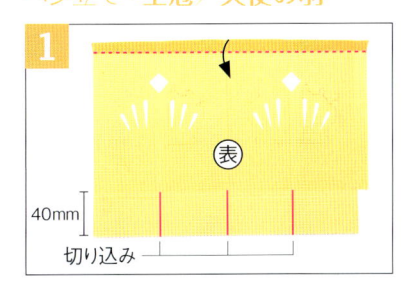

1 表を上にしています。裏の下書き線を消したあと、上の部分を谷折りで折り返します。

2 全体を四角柱に組んで、裏でのりしろが内側になるように接着します。

3 底の部分を折りたたみましょう。お互いを接着して、形をしっかりさせるといいでしょう。

4 王冠（または天使の羽）を折り上げます。

89

12月

クリスマスカード

- ●紙の大きさ／ A5 （ベル） 縦50×横90mm
- ●紙の折り方／ **A** タイプ・横に2つ折り

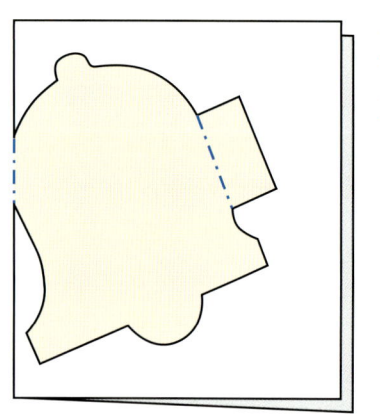

※右の完成写真の見本と20頁のバレンタインカードの作り方を参考にして、仕上げましょう。見本は、スパンコールを装飾として、取り付けてあります。

クリスマスカード

ミニ切り紙・トナカイ

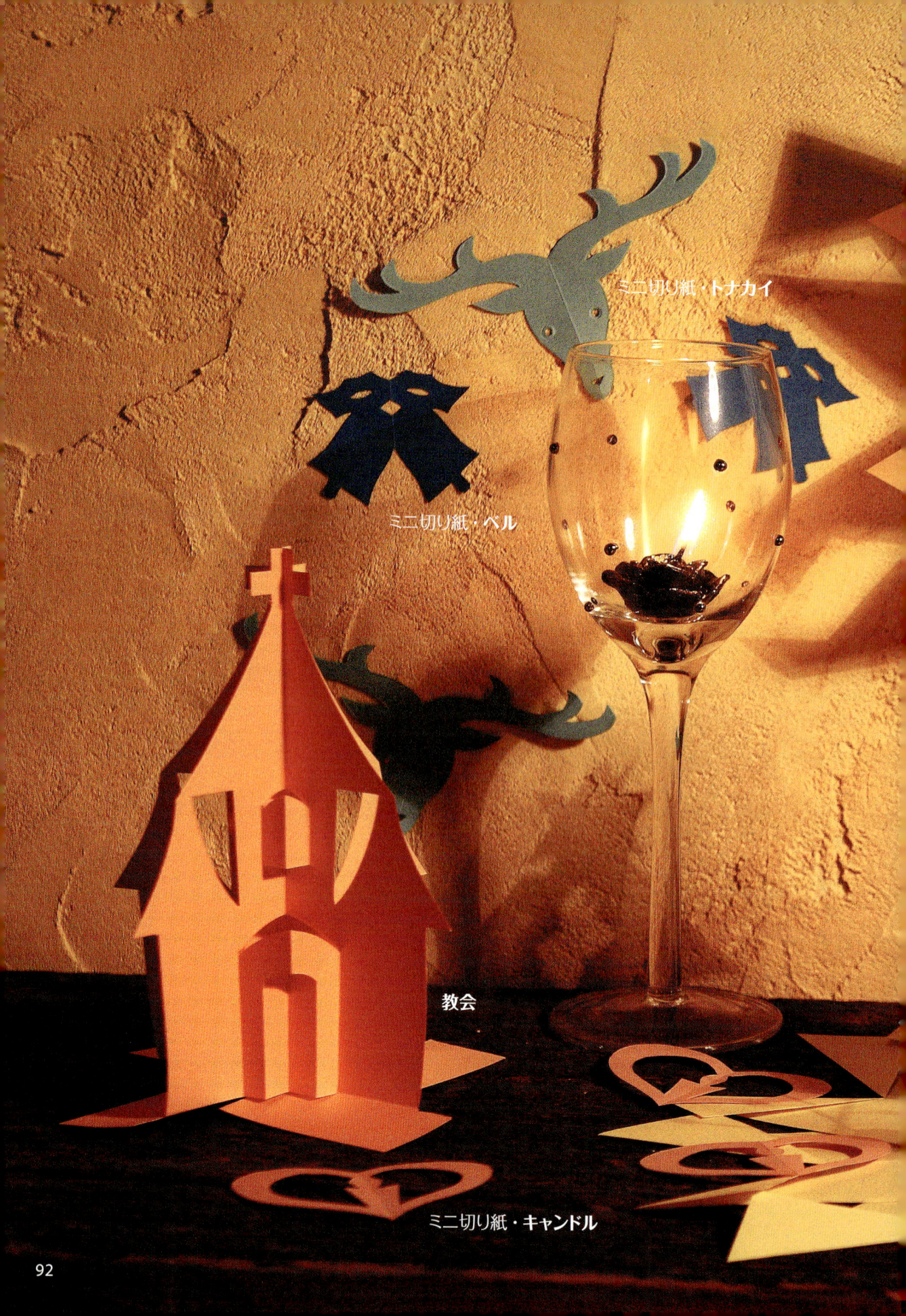

ミニ切り紙・ベル

教会

ミニ切り紙・キャンドル

ミニ切り紙・**サンタクロース**

クリスマスリース

・クリスマスツリー

93

クリスマスツリー

- 紙の大きさ／B6を2枚
- 紙の折り方／**B** タイプ・縦に2つ折り

切り込みを入れる

教会

- 紙の大きさ／B6を2枚
- 紙の折り方／**B** タイプ・縦に2つ折り

切り込みを入れる

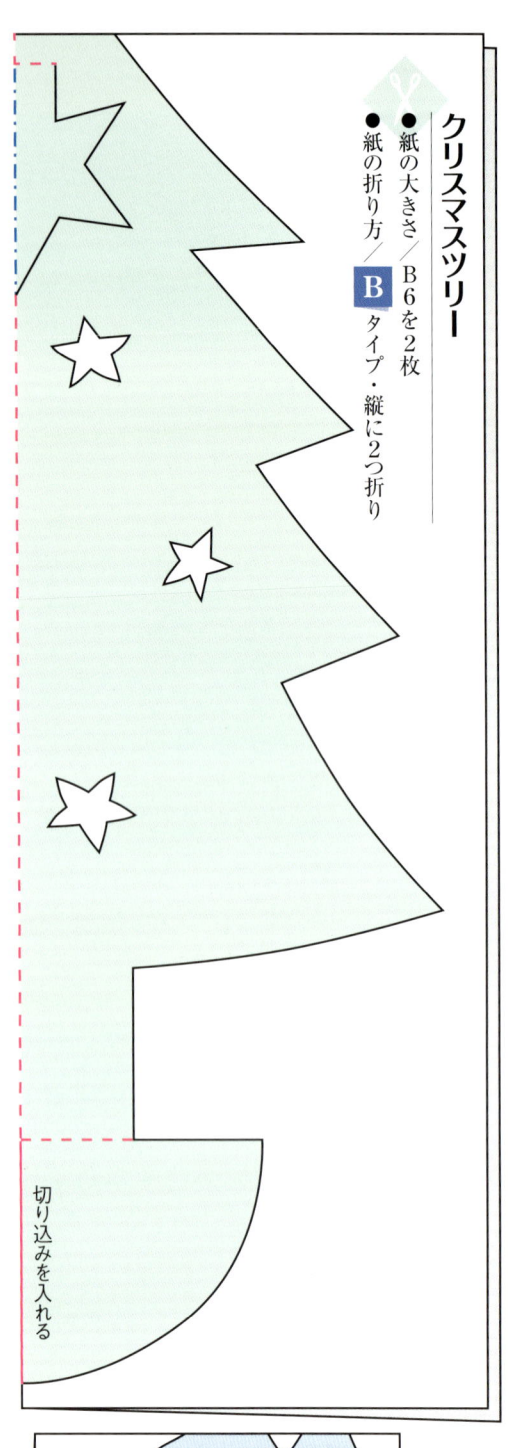

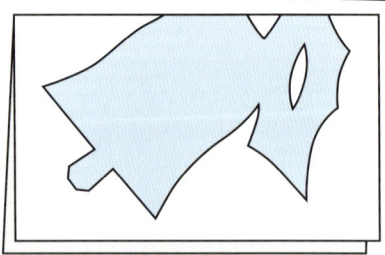

ミニ切り紙・ベル

- 紙の大きさ／縦 50 × 横 60mm
- 紙の折り方／**A** タイプ・横に2つ折り

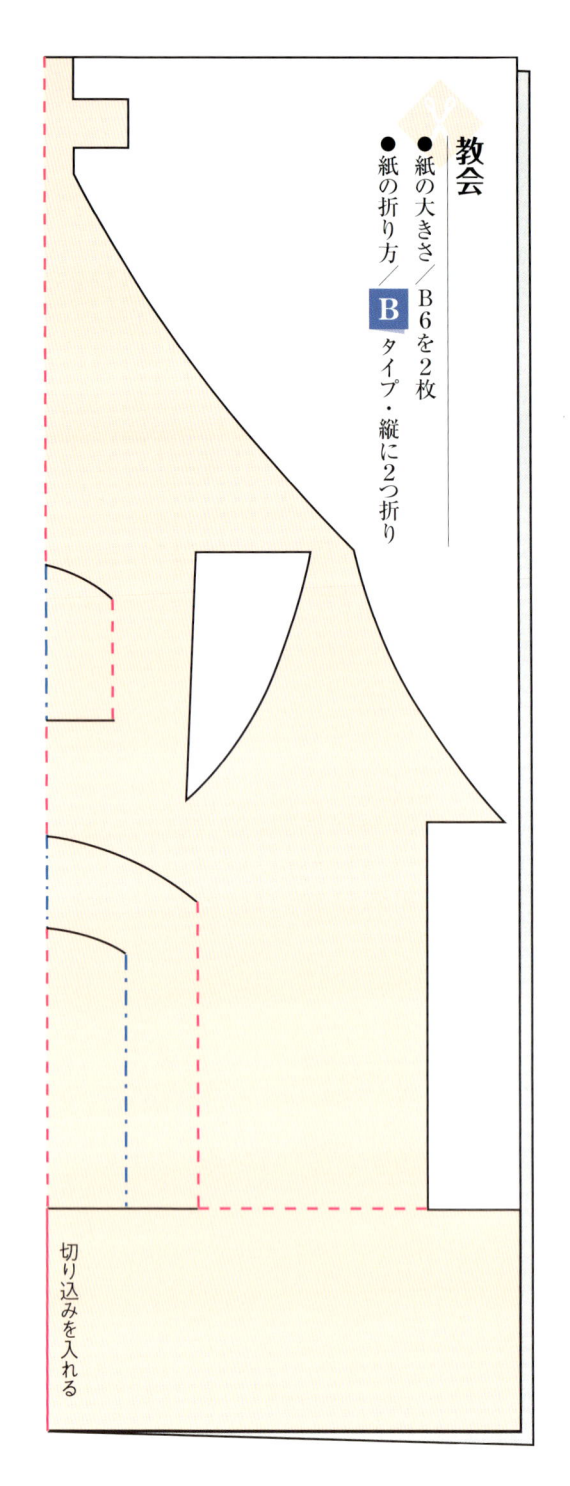

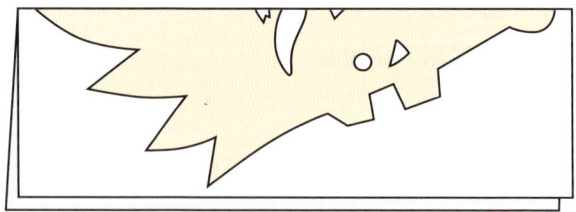

ミニ切り紙・サンタクロース

- 紙の大きさ／縦 75 × 横 50mm
- 紙の折り方／**B** タイプ・縦に2つ折り

クリスマスツリー

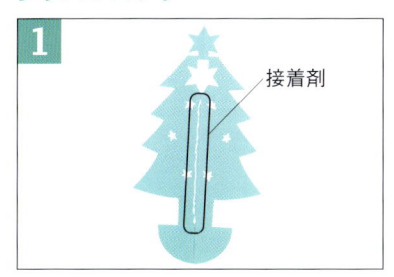

1 同じ切り紙を2つ用意します。下書きの線を消したあと、1つのまん中の線に沿って線を書くように接着剤をつけます。

2 もう1つの切り紙を半分に折り、折り目を接着剤の線の上に置きます。しっかりくっつくまで、そのまま乾かしましょう。

3 ツリーを回転させながら、下の部分を谷折り、山折りに交互に折って、底が円になるようにします。

4 写真のようになったら、できあがりです。テーブルに接する面をセロテープでつないでおくと、底の形がしっかりします。

教会

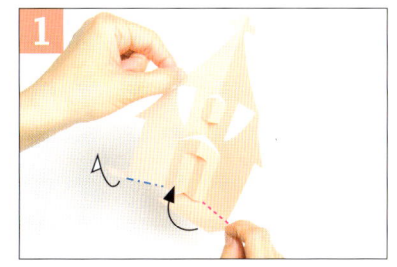

1 同じ切り紙を2つ用意します。折り筋を指示通りに折って、窓や扉を飛び出させます。底の部分は、右側を谷折り、左側を山折りにします。

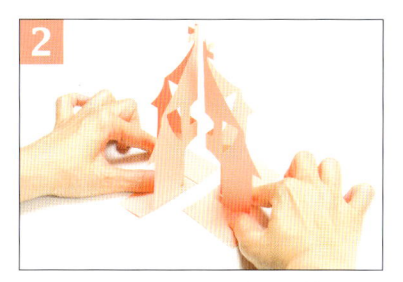

2 1つの切り紙のまん中の線に接着剤をつけて、2つの切り紙を線でくっつけて仕上げます。92頁の完成写真の見本をよく見てください。

クリスマスリース

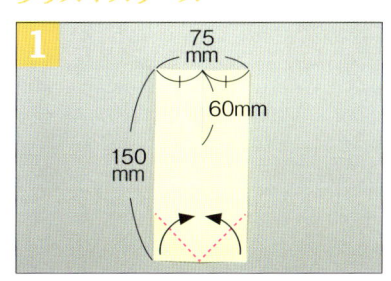

1 75×150mmの紙を8枚用意して、上部には切り込みを入れ、下部は両角を折ります。

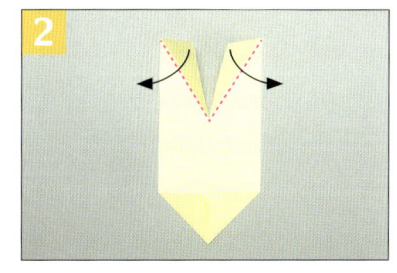

2 1で入れた切り込みを使って、上部を左右に開いて折ります。折る前にあらかじめ竹串などで折り筋をつけておくと、きれいに仕上がります。

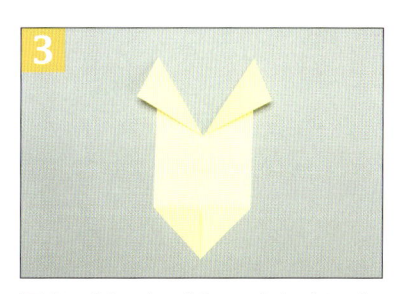

3 写真のようになったら、できあがりです。同じものを8つ作ってください。

4 時計回りに部品を重ねていきます。上になる部品の重なる部分の裏に接着剤をつけて、くっつけながら組みましょう。

5 最後の1つはすぐ下の部品の上に置きながら、最初の1つ目の部品の下に入れ込みます。

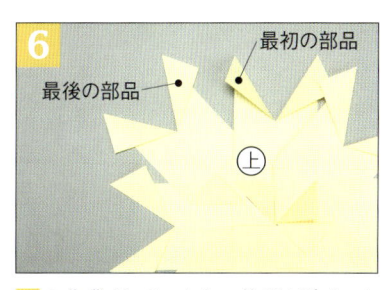

6 5の作業をしています。位置が決まったら、接着しましょう。

95

ミニ切り紙・トナカイ
- 紙の大きさ／縦70×横135mm
- 紙の折り方／**A**タイプ・横に2つ折り

ミニ切り紙・キャンドル
- 紙の大きさ／縦60×横80mm
- 紙の折り方／**A**タイプ・横に2つ折り

本書の内容の一部あるいは全部を無断で複写複製（コピー）することは法律で認められた場合を除き、著作者および出版社の権利の侵害となりますので、その場合は予め小社あて許諾を求めて下さい。

簡単　原寸型紙つき！
立体切り紙12か月
ポップアップカードと小物づくり　●定価はカバーに表示してあります

2010年10月20日　　初版発行
2012年8月20日　　4刷発行

著　者　　大原まゆみ
発行者　　川内長成
発行所　　株式会社日貿出版社

東京都文京区本郷5-2-2　〒113-0033
電話（03）5805-3303
FAX（03）5805-3307
振替　00180-3-18495

印刷　　株式会社シナノパブリッシングプレス
編集・撮影スタイリング　　オオハラヒデキ
装丁・本文デザイン　　茨木純人
撮影　野田耕一　　撮影協力　野田裕子
©2010 by Mayumi Ohara / Printed in Japan
落丁・乱丁本はお取替えいたします。

ISBN978-4-8170-8168-1　　http://www.nichibou.co.jp/